哲學家叢書

竺道生

陳沛然　著

傅偉勳／韋政通　主編

東大圖書公司

國家圖書館出版品預行編目資料

竺道生 / 陳沛然著. －－二版一刷. －－臺北市: 東大,
2011
面; 公分. －－(世界哲學家叢書)

ISBN 978－957－19－3032－9 (平裝)

1.(南北朝)竺道生 2.學術思想 3.佛教哲學 4.佛教傳
記

229.334   99025648

© 竺 道 生

著 作 人	陳沛然
發 行 人	劉仲文
著作財產權人	東大圖書股份有限公司
發 行 所	東大圖書股份有限公司
	地址　臺北市復興北路386號
	電話　(02)25006600
	郵撥帳號　0107175-0
門 市 部	(復北店) 臺北市復興北路386號
	(重南店) 臺北市重慶南路一段61號
出版日期	初版一刷　1988年6月
	二版一刷　2011年10月
編　　　號	E 120480

行政院新聞局登記證局版臺業字第○一九七號

ISBN　978－957－19－3032－9　　(平裝)

http://www.sanmin.com.tw　三民網路書店
※本書如有缺頁、破損或裝訂錯誤,請寄回本公司更換。

《世界哲學家叢書》總序

本叢書的出版計劃原先出於三民書局董事長劉振強先生多年來的構想，曾先向政通提出，並希望我們兩人共同負責主編工作。一九八四年二月底，偉勳應邀訪問香港中文大學哲學系，三月中旬順道來臺，即與政通拜訪劉先生，在三民書局二樓辦公室商談有關叢書出版的初步計劃。我們十分贊同劉先生的構想，認為此套叢書（預計百冊以上）如能順利完成，當是學術文化出版事業的一大創舉與突破，也就當場答應劉先生的誠懇邀請，共同擔任叢書主編。兩人私下也為叢書的計劃討論多次，擬定了「撰稿細則」，以求各書可循的統一規格，尤其在內容上特別要求各書必須包括(1)原哲學思想家的生平；(2)時代背景與社會環境；(3)思想傳承與改造；(4)思想特徵及其獨創性；(5)歷史地位；(6)對後世的影響（包括歷代對他的評價），以及(7)思想的現代意義。

作為叢書主編，我們都了解到，以目前極有限的財源、人力與時間，要去完成多達三、四百冊的大規模而齊全的叢書，根本是不可能的事。光就人力一點來說，少數教授學者由於個人的某些困難（如筆債太多之類），不克參加；因此我們曾對較有餘力的簽約作者，暗示過繼續邀請他們多撰一兩本書的可能性。遺憾的是，此刻在政治上整個中國仍然處於「一分為二」的艱苦狀態，

加上馬列教條的種種限制，我們不可能邀請大陸學者參與撰寫工作。不過到目前為止，我們已經獲得八十位以上海內外的學者精英全力支持，包括臺灣、香港、新加坡、澳洲、美國、西德與加拿大七個地區；難得的是，更包括了日本與大韓民國好多位名流學者加入叢書作者的陣容，增加不少叢書的國際光彩。韓國的國際退溪學會也在定期月刊《退溪學界消息》鄭重推薦叢書兩次，我們藉此機會表示謝意。

原則上，本叢書應該包括古今中外所有著名的哲學思想家，但是除了財源問題之外，也有人才不足的實際困難。就西方哲學來說，一大半作者的專長與興趣都集中在現代哲學部門，反映著我們在近代哲學的專門人才不太充足。再就東方哲學而言，印度哲學部門很難找到適當的專家與作者；至於貫穿整個亞洲思想文化的佛教部門，在中、韓兩國的佛教思想家方面雖有十位左右的作者參加，日本佛教與印度佛教方面卻仍近乎空白。人才與作者最多的是在儒家思想家這個部門，包括中、韓、日三國的儒學發展在內，最能令人滿意。總之，我們尋找叢書作者所遭遇到的這些困難，對於我們有一學術研究的重要啟示（或不如說是警號）：我們在印度思想、日本佛教以及西方哲學方面至今仍無高度的研究成果，我們必須早日設法彌補這些方面的人才缺失，以便提高我們的學術水平。相比之下，鄰邦日本一百多年來已造就了東西方哲學幾乎每一部門的專家學者，足資借鏡，有待我們迎頭趕上。

以儒、道、佛三家為主的中國哲學，可以說是傳統中國思想與文化的本有根基，有待我們經過一番批判的繼承與創造的發展，重新提高它在世界哲學應有的地位。為了解決此一時代課題，我們實有必要重新比較中國哲學與（包括西方與日、韓、印等東方

國家在內的）外國哲學的優劣長短，從中設法開闢一條合乎未來中國所需求的哲學理路。我們衷心盼望，本叢書將有助於讀者對此時代課題的深切關注與反思，且有助於中外哲學之間更進一步的交流與會通。

最後，我們應該強調，中國目前雖仍處於「一分為二」的政治局面，但是海峽兩岸的每一知識分子都應具有「文化中國」的共識共認，為了祖國傳統思想與文化的繼往開來承擔一分責任，這也是我們主編《世界哲學家叢書》的一大旨趣。

傅偉勳　韋政通

一九八六年五月四日

竺道生

目　次

前　言

　　竺道生（西元 372–434）乃晉宋之高僧，他以「佛性論」稱譽於世，後人尊之為「涅槃聖」。其貢獻在於「孤明先發」，在《大般涅槃經》尚未全部譯出之前，已能率先依據經義推論出「一闡提皆得成佛」之說；而「頓悟成佛」之說，則是他另一重要的洞見。此二創見特具中國大乘佛學之特色，間接影響中國佛教界之義理討論達三百年之久。故此，在第一章之中，首先從其時代背景顯示當時眾說紛紜之佛性學說，在對比各家學說之後，便可顯出竺道生「佛性論」之獨特之處。

　　由於竺道生之作品大多散佚，只有零散之注疏流傳於世，存於《妙法蓮花經疏》、《注維摩詰經》及《大般涅槃經集解》之中。故此，在研究其「佛性論」之前，先從語言學之語言分析，把梵文之「佛性」義釐清，再借助「三因佛性」與「三身佛性」之觀念，從而建立一分析架構，然後將竺道生對種種「佛性」問題之零散觀點納入分析架構之內，以作有系統的討論。

　　竺道生「佛性論」之理論基礎乃建基於「般若實相觀」，故此，在第二章之中，先把「佛性論」之理論基礎重建。由於竺道生特重「法理」之觀念，屢屢強調「悟理成佛」之重要性，故此，在這一章將竺道生之「法理觀」展現出來。然後再將「法理觀」與

「般若實相觀」之關係表明。

　　重建其理論基礎之後，則可進一步在第三章之中具體地討論其「佛性論」。在此，討論之方向仍是依據第一章之分析架構作為導向。這章會分別處理「佛身觀」、「佛因觀」與「方法論」三方面之問題，這三者構成竺道生之「佛性論」。「佛身觀」是處理果地之中成佛之形態問題；「佛因觀」是處理因地之中成佛之根據問題；「方法論」是處理因果兩地連接起來之過程或步驟問題。

　　把竺道生之「佛性論」重建後，最後在第四章則可評價之，主要是從歷史與義理的意義來衡量其理論基礎與其「佛性論」之特色——「一闡提皆得成佛」與「頓悟成佛」。末後，由於竺道生使用儒道二家之語言來討論佛學，故此特別討論他是否融合了儒佛道三家之學說而開創中國大乘佛學之問題。

第一章　佛性問題概說

　　竺道生以「佛性論」見稱於世，而在其晉宋時代之際，佛性學說眾說紛紜，共有「十一家」或「六師」之多。究竟竺道生之「佛性論」之特色何在？其時之佛性學說又是如何？第一節便是從當時之歷史背景概說竺道生時代之佛性學說。

　　跟著在第二節之中，則是從竺道生之時代所討論的問題之發展，加上其注疏三經，故此可粗略地了解其「佛性論」之發展過程——由般若學走向涅槃學。

　　第一與二節是從歷史背景中粗略地了解竺道生之思想。到第三節，則擺脫歷史的問題而借助語言學之語言分析，把「佛性論」之問題建立一分析架構 (Analytic Framework)，由此而把竺道生「佛性論」之觀點定位、納入分析架構之內討論。

　　總體來說，這一部是從時代背景及其注疏三經，作一籠統的探索，這還未算得上是具體地了解竺道生之「佛性論」。這要到第二章開始，才正式從其自身之注疏中建立其「佛性論」之理論基礎，詳細地了解其「般若實相觀」及「法理觀」。然後才進入第三章，正式內在地、具體地處理其「佛性論」。

一、竺道生時代之佛性學說

晉宋之際，自《涅槃經》翻譯之後，由北涼傳至南京，即引起中國諸法師群起鑽研。《涅槃經》的中心概念是「佛性」，但是，經中「佛性」之詞義不統一，其字詞使用之時，意義有時指「心」、有時指「境」❶。故此，這便導致各法師對「佛性」此觀念之不同了解，使他們從經中各自找尋根據，而形成各家的說法。

根據湯用彤（西元 1893-1964）的考據❷，鑽研《涅槃經》之「佛性」學說，有以下幾種分判：

㈠吉藏《大乘玄論》：「正因佛性」十一家。

㈡元曉《涅槃宗要》：「佛性體」六師。

㈢均正《大乘四論玄義》：「正因佛性」本三家、末十家。

以上種種分判，雖有不同的說法，亦有不同的家數；但是，若依吉藏（西元 549-623）之分類，則可還原到三大觀念：「人」、「心」及「理」❸。

若主張「佛性」是指「人」，則有兩家：

㈠以「眾生」為正因佛性。代表人是僧旻（西元 473-534）。

㈡以「六法」❹為正因佛性。代表人是梁代智藏。

若主張「佛性」是指「心」，則有五家：

---

❶ 見呂澂著《中國佛學思想概論》（即《中國佛學源流略講》），頁 133。

❷ 見湯用彤著《漢魏兩晉南北朝佛教史》，下冊，頁 486。

❸ 參閱❶，頁 133-135；另參閱❷，頁 486-489。

❹ 「六法」是指五陰（色、受、想、行、觸）及其假名。這「六法」即是指「人」之肉身及其名字，故此「六法」即是指人。

(一)以「心識」為正因佛性。代表人亦是智藏❺。

(二)以「冥傳不朽」❻為正因佛性。代表人是法安（西元 453-498）。

(三)以「避苦求樂」❼為正因佛性。代表人是法雲（西元 466-529）。

(四)以「真神」❽為正因佛性。代表人是梁武帝。

(五)以「阿黎耶識自性清淨心」❾為正因佛性。代表人是地論師及後期攝論師。

若主張「佛性」是指「理」，則有五家：

(一)以「當果」為正因佛性❿。代表人是竺道生。

(二)以「得佛之理」為正因佛性⓫。代表人是慧令。

---

❺ 從經驗上分析眾生，人即是五陰（肉身）及其假名（名字）。若把五陰的活動還原於一共同的基礎上——心（即「心識」活動），這樣，人即是心識。故此，人即是「六法」、「六法」即是「心識」；如此類推，以「六法為佛性」亦同於以「心識為佛性」。因此，「六法為佛性」與「心識為佛性」的代表人同是智藏。

❻ 「冥傳不朽」是描述「識神」之存在性質，這是描述「識神」是永恆不滅的。「識神」是指一輪迴主體。

❼ 「避苦求樂」是描述人之心理要求——希望獲取快樂及離開苦難，這是心之作用。

❽ 「真神」是指真真正正之識神，這是指識神之本體。

❾ 「阿黎耶識」即梵文 ālaya-vijñāna 之舊譯，即阿賴耶識。這是指眾生心識中之第八識；這第八識之特性是自性清淨無染。故此，連同第八識之性質一起描述之時，便有「阿黎耶識自性清淨心」之詞項。這觀念用來交待輪迴之主體及宇宙之呈現等問題。

❿ 「當果」是指應當有之結果。這是從「將來應當可以成佛之結果」而說眾生具有佛性。

㈢以「真如」為正因佛性❷。代表人是寶亮（西元 443-509）。

㈣以「第一義空」為正因佛性❸。代表人是北方涅槃師。

㈤以「中道」為正因佛性❹。代表人是吉藏。

在各家佛性學說之中，由於竺道生提出「當果為正因佛性」之觀念，即是從「眾生將來應當成佛之結果」而說「眾生具有佛性（包括一闡提人）」；這樣，便引致佛性問題作進一步之討論：究竟眾生具有之「正因佛性」是「始有的」，還是「本有的」？由此，在佛性問題之分判上，從「始有」或「本有」之分類而言，吉藏另在《涅槃游意》之中又分判出三家❺。

不過，無論對佛性之分際如何不同，但當經文會通之後，則明白實在只是一整佛性，而又可分解為三因佛性：即是正因佛性、緣因佛性及了因佛性❻。

1.竺道生佛性論之特色

在各家佛性學說之中，竺道生是其中一個值得注意的人物。由於他提出「當果為正因佛性」之觀念，這洞見使當時牽起廣泛的討論而對「佛性」之研究作更根本的探討：佛性是「始有」，還是「本有」？

從歷史來看，當時竺道生所根據的經典有限，他只讀得法顯

---

❶　「得佛之理」是從「眾生本有得佛之理」為正因佛性。

❷　「真如」是從「實相是真真正正的如此 (As Such)」之理為正因佛性。

❸　「第一義空」是從「勝義上之不生不滅之寂滅空理」而為正因佛性。

❹　「中道」是從「不偏有、無二邊之中道理」而言正因佛性。

❺　同❷，頁 486。

❻　參閱牟宗三著《佛性與般若》，上冊，頁 188。「三因佛性」之義詳見本書第一章第三節 3. 中部。

（約西元 335–420）攜來之六卷《泥洹經》❼。在六卷本之中，只有「一切眾生皆有佛性，除一闡提之外」之經文；但是，竺道生自己根據經中之義理理解，而推論出「一闡提人皆得成佛」。他這創見又再牽起另一場佛教教義之風波。由於六卷《泥洹經》之中明言「一闡提沒有佛性」❽，故此，他被擯於佛教之教團，接受眾僧之公判，被大家視為異端邪說，最後無可奈何被迫離開❾。但是，當曇無讖（西元 385–433）翻譯之四十卷《大般涅槃經》傳來之後，在西元 430 年傳至京師，大家才知道經中果有竺道生之創見「一闡提人皆得成佛」之觀點，這使人佩服他「孤明先發」❿之慧見。

　　除了「當果為正因佛性」與「一闡提皆得成佛」之觀點引起大波瀾之外，竺道生自行創立之「頓悟成佛」之觀念，亦引起當時大辯論，當時涉及頓悟、漸悟之討論的人物有支道林、道安（約西元 312–385）、慧遠（西元 334–416）、埵法師、僧肇（約西元 334–414）與謝靈運等⓫。根據湯用彤之考據，竺道生自創「頓悟成佛」之觀點，似乎不必與《泥洹經》之翻譯有關⓬。換言之，

---

❼　同❷，頁441；另參閱⓰，頁182。

❽　同❶，頁127–128。

❾　竺道生之生平事跡，可參閱方立天著〈竺道生〉，此文收於《中國古代著名哲學家評傳》續編二，頁349–353。

❿　慧皎（西元487–554）曰：「又六卷泥洹先至京師，生（指竺道生）剖析經理，洞入幽微，乃說一闡提人皆得成佛。於是大本未傳，孤明先發，獨見忤眾。」（《高僧傳》卷七，存於《大正藏》第五十冊，頁366；此文亦收於《中國佛教思想資料選編》，頁217。）

⓫　同❷，參閱「頓悟漸悟之爭」一段，頁447。

⓬　同❷，參閱「竺道生之生平事跡」一段，頁441。

這創新的觀念可能完全是他自己推理而悟出來。難怪在《續僧傳》之中，僧旻說：「宋世貴道生，頓悟以通經」㉓。這顯示竺道生在當時佛學界之受人重視。

事實上，依湯用彤之觀點，南方涅槃佛性諸家，可分成三大系統㉔：

　㈠屬於竺道生的系統

　㈡學於北方而不屬於竺道生的系統

　㈢不屬以上兩個系統

這三個系統之成立，完全以竺道生作為分類的標準，即是以他作為核心人物，由此可見竺道生在佛性學說上的地位，故此被後世推為「涅槃聖」㉕。

二、由般若學到涅槃學

《般若經》是就般若妙用說諸法實相；《涅槃經》則是就涅槃法身說佛性㉖。般若學之主題是「空」；涅槃學之主題是「有」。

㉓　同⑯，頁 183。

㉔　同❷，頁 485–486。

　　根據湯氏之考據，南方《涅槃》佛性諸家，固多出於道生⋯⋯

　㈠其屬於道生系統者，有寶林、法寶、道猷（西元 403–474）、道慈、僧瑾（西元 397–476）、法瑗（西元 408–489）、愛法師、僧宗、慧超（西元 474–526）、慧朗、敬遺、法蓮。

　㈡其曾學於北方而不屬生公者，有慧靜、法瑤⋯⋯。

　㈢系統不明者，有僧含、僧庄⋯⋯。

㉕　同❷，頁 431。

㉖　牟宗三著《佛性與般若》，上冊，頁 179。

1.般若之空與涅槃之有

「空」之觀念是在小乘一切有部（實在論者）之哲學背景中提出的，目的是掃蕩一切有部之執著有自性（有本體），故此運用雙遣的方法❷——即「非 A 與非非 A」，把實在論者之立場破除。由此亦用雙遣的方法破除「有佛性」之觀念。在此，般若學所破除之「佛性」乃是針對小乘一切有部對「佛性」之看法而言，因實在論者把「佛性」看成是佛有自性❷、有本體。

若執著「佛性」是有自性，此則違反了佛家哲學之基本前提：「緣起性空」——一切法之存在均是依因待緣、空無本體。故此，若執著「佛性」有自性，則表示成佛有自性、有本體，這樣變成不須依因待緣修行卻也能成佛；但是，若無自性（無成佛之性質或能力），則眾生亦不可能成佛❷，因為根本沒有成佛之根據。故此，站在般若之化執立場而言，便是既不能說成佛有自性、亦不能說成佛無自性❸（這便是般若學蕩相遣執之雙遣格式）。

但是，般若學之「空」（無自性）破自性之執並不礙涅槃學之「有」（佛性常住）。因為「有自性執之佛性」與「常住佛性」之「佛性」，二者意思不同。在般若學之《中論》中並沒有此簡別，它亦沒有後來《涅槃經》之種種佛性義❸。

---

❷　參閱霍韜晦著《佛教的現代智慧》，頁 13。

❷　同❷。

❷　同❷。

❸　「既非成佛有自性、亦非成佛無自性」，其實在語意之使用上，第一個「自性」與第二個「自性」之意思不同：前者意指本體，後者則指性質或能力。

❸　同❷，頁 179。《中論》乃是般若學之中極具代表之論書，此乃龍樹

故此，後出之《涅槃經》，其重點在於交待「有」——佛性常住。這「佛性」是用以交待成佛之因——成佛之所以可能之問題；亦是交待成佛之果——成佛依何形態而成佛方是究竟之問題❸。般若學——尤其是《中論》光破自性執之佛性，而只以因緣說明成佛之可能，此則太空泛而又無力，故此必須就因緣義進而內在地說明成佛之所以可能之佛性，此則不可以視之為自性執❸。

總結來說，般若學之主題是「空」；涅槃學之主題是「有」。但是此「有」與「空」並非一對互相矛盾的觀念。「空」是指無自性的意思，這是就緣起法而言，它自身既不著於有、亦不著於無，即是「離有無二邊」❸。故此，「空」與「有」並不是「A」與「非A」之矛盾關係。

換言之，我們不能從字面的意思望文生義，以為「空」就是「非有」、「有」就是「非空」，這樣，般若學之「空」與涅槃學之「有」便不能同時同真，亦不能同時同假。引申而言，般若學與涅槃學便變成互相排斥，勢不兩立。這是義理不明而產生出來的結果。

2.晉宋時代之空、有

從後世之發展，中國法師經過長時間的消化，把「般若學之空」與「涅槃學之有」徹底明白後，自然不會產生互相排擠的誤

菩薩所造。

❸ 同❷，頁 180。

❸ 同❷，頁 180。

❸ 「離有邊」是說此空為抒義字，非實體字；「離無邊」是說此空是就緣生無自性說的，不是一聞說空，便以為什麼也沒有。(同❷，頁 94。)

會與爭執。但是，在晉宋之際，佛典初來中國，先有《般若經》
帶來之混亂，繼而有《涅槃經》引起之紛論。當時研究佛學之法
師，大多根據漢譯佛經了解經義 ❸，但是，通過中文字之理解，
不一定能完全徹合原義 ❸。故此，就是「空」之概念之傳入，由
於翻譯與格義 ❸ 的問題，已引致南北朝之般若學說有「六家七宗」
之多 ❸。

　　繼之而來，則是《涅槃經》之傳入。亦由於翻譯與格義的緣
故，在涅槃佛性之研究上，亦產生種種紛亂。其一表現於佛性論

---

❸　參閱本書第一章第三節 1.。

❸　例如《涅槃經》中之「佛性」義有三：

　　㈠佛界 (buddha-dhātu)

　　㈡佛種性 (buddha-gotra)

　　㈢佛藏 (buddha-garbha)

　　在漢譯之中，有時把此三義同譯成「佛性」一詞。故此，單從漢字
　　了解，則很難分辨「佛性」之原義是以上三者中之那一個。（參閱 ❷，
　　頁 47–49。）

❸　「格義」是指把佛學的概念規定成為中國固有的類似概念，即「以
　　經中事數，擬配外書，為生解之例」。（見呂澂著《中國佛學思想概
　　論》，頁 51。）

　　例如以解空第一的僧肇，其思想亦不能擺脫玄學之影響。在其著作
　　《不真空論》中，他仍運用玄學的語言，如「審一氣以觀化」、「物
　　成同根，是非一氣」，在思想上，仍與玄學劃不清界限。（同上，頁
　　113。）

❸　「六家七宗」是指劉宋時釋曇濟著之《六家七宗論》。依元康之《肇
　　論疏》，七宗是：㈠本無宗㈡本無異宗㈢即色宗㈣識含宗㈤幻化宗㈥
　　心無宗㈦緣會宗。

　　本有六家，第一家分為二宗，共成七宗。（見勞思光著《中國哲學史》
　　第二卷，頁 254；另參閱劉貴傑著《竺道生思想之研究》，頁 17–23。）

之產生十一家或六師等學說❸；另一紛亂則是以般若之「空」懷
疑❹、甚至否定涅槃學之「有」。這就是把「空」與「有」看成是
一對互相排斥的觀念而產生出來之混亂。

總上來說，竺道生時代研究佛學之特色是：

㈠盛行以玄學語言格義

㈡憑藉漢譯佛典鑽研佛理

㈢以般若學之空懷疑涅槃學之有

㈣佛性之研究眾說紛紜

竺道生就是在這樣的時代背景中創造他自身之佛性論：尤其
是「當果為正因佛性」、「一闡提人皆得成佛」及「頓悟成佛」此
三個各自具特色之觀念。

3.竺道生之思想概觀

竺道生身處之時代亦可說是由「般若學」到「涅槃學」之時
代。順應佛家義理之發展，這是必然之路。因為儘管《般若經》
如何精彩，處處破斥一切有部之實在論哲學，把其系統、自性執
等道道掃蕩；但是，從正面交待成佛之問題，般若學說卻顯得空
泛無力，不能積極指導眾生成佛。因為般若學自身並無建立，它
不分解地說明任何法相，只是一融通淘汰之精神，一蕩相遣執之
妙用。此即表示般若學無任何系統、任何教相，它只是個共法，

---

❸　吉藏《大乘玄論》：正因佛性十一家。

　　元曉《涅槃宗要》：佛性體六師。

　　均正《大乘四論玄義》：正因佛性本三家、末十家。

　　（詳見本書第一章第一節）

❹　參閱湯用彤著《漢魏兩晉南北朝佛教史》，下冊，頁451。

而非通教❹。

　故此，問題步步推進之時，則必然要交待成佛之因（根據）、成佛之果（形態）與成佛之方法論（步驟）。這就需要教相，亦即正面面對「佛性」之種種問題了。

　若要了解竺道生之佛性論在成佛之因、果及方法論這三方面之思想，我們只能根據其注疏三經。從這三經之主題來看，我們可以外在地、籠統地掌握竺道生之思想輪廓。因為竺道生既願意為此些經典注疏，此則顯示他同意此些經典之主旨。雖然經典本身之原意與竺道生之注疏之觀點不一定完全相同❷；但是，竺道生選中此些經典下注，最低限度亦可顯示他大體上也接受此些經典之中心概念：即《維摩經》之般若實相，《法華經》之開權顯實，《涅槃經》之佛性常住。從這三經之主題來看，亦可顯示竺道生之思想亦是由般若學之發展而走向涅槃學說，從而建構其自身之「佛性論」。

　事實上，此三經傳入中國之次序是：《維摩經》、《法華經》、《涅槃經》❸。這亦是佛家之義理由般若實相走向涅槃佛性之發展。竺道生在《法華經疏》之題解中，其判教的次序是：

㈠「善淨法輪」《阿含經》

❹　同❷，頁 10–11。

❷　方東美（西元 1899–1977）著之〈竺道生之佛性論〉是外在地引用幾句《中觀》、《維摩詰經》、《大般涅槃經》及《妙法蓮花經》之經文，間中也引用幾句竺道生之注疏。其所言之「竺道生之佛性論」其實是《涅槃經》中佛性觀念之通義，此還不算是內在地從竺道生之注疏中闡明竺道生之佛性論。（參閱《中國大乘佛學》第四篇〈道生的佛性論〉，頁 115–160。）

❸　同❸，頁 126–127。

　　㈡「方便法輪」《般若經》

　　㈢「真實法輪」《法華經》

　　㈣「無餘法輪」《涅槃經》

　　換言之，他把《涅槃經》看成是佛說之最高階段❹。由竺道生之判教則可斷定他確實同意由般若學走向涅槃學，而後人推之為「涅槃聖」亦可作為旁證。

4.三經與竺道生之思想

　　現就《維摩經》、《法華經》及《涅槃經》之中心概念而外在地、籠統地掌握竺道生之思想。《維摩》是般若經之一種；《法華》與《涅槃》則是討論佛性之經典。

　　《維摩》是就般若之妙用而說諸法實相，故此經中到處以雙遣的格式——即「非 A 與非非 A」的妙用，融通淘汰自性之執，以明「從無住本立一切法」（〈觀眾生品〉第七）。其法數乃以般若之作用教吾人入不二法門❺。

　　《法華》雖是討論佛性之經典，但它在第一序之佛性內容上是空無的，這經沒有特殊的教義與法數。其所說的不是第一序的問題，乃是第二序之問題❻。它討論的問題是佛意、佛本懷。其重點放在開權顯實、開三顯一——即是開發及暢通三乘人❼。

　　《法華經》在第二序之虛層開決佛之本懷，指出三乘乃方便

---

❹　同❸，頁 130。

❺　同❷，下冊，頁 576。「就般若之妙用而說諸法之不二實相、法門」之觀點詳見於本書第二章第一節「般若實相觀」。

❻　同❷，頁 130。

❼　「三乘人」是指聲聞乘、緣覺乘及菩薩乘。

之教乘，最後該使之歸於大乘，亦即一佛乘❹；而《涅槃經》則更進一步，在第一序之內建立教義，認定「一切眾生皆可成佛」，同時亦提出「如來藏」的概念，把佛以法為身之「法身」思想聯繫到「心識」方面，故此正面言明「佛身是常」，並且認為「佛性即我」，這就超越《法華》的講法，因《法華》只講到成佛之後，壽量非常長遠，但並未提到「佛身是常」❹。

　　從竺道生之判教及其注疏三經，可得出一最低限度之結論──他並不把「般若學之空」與「涅槃學之有」看成是互相矛盾、互相排斥的觀念。相反來說，粗略地言之，他是結合了般若學之觀法而應用於涅槃學之佛性論之上。因為運用般若之蕩相遣執之妙用、融通淘汰之精神，則可把種種執著掃除。

　　故此，可大體上明白為何竺道生說「法身無色」、「佛無淨土」、「善不受報」。這就是建基於般若之活智活用之上，掃蕩「佛法身只是一色身」之執著、「成佛後佛一定住實於淨土」之執著、「行善者一定可以獲得實利功德之果報」之執著（詳見本書第三章）。

三、佛性論之分析架構

　　竺道生是鳩摩羅什（西元 343–413）的幾個高足之一，後來更被世人推為「涅槃聖」❺。從他的著作可知道他的思想重心。

---

❹　同❸，頁 127。

❹　同❸，頁 127。

❺　見《涅槃玄義文句》卷上，參閱湯用彤著《漢魏兩晉南北朝佛教史》，下冊，頁 431。

1.竺道生之著作

竺道生之著作有❺：

㈠《維摩經義疏》

㈡《妙法蓮花經疏》

㈢《泥洹經義疏》

㈣《小品經義疏》

㈤《善不受報義》

㈥《頓悟成佛義》

㈦《二諦論》

㈧《佛性當有論》

㈨《法身無色論》

㈩《佛無淨土論》

㈠《涅槃三十六問》❺

㈡《欲取泥洹義》

㈢《釋八住初心》

㈣《應有緣論》

㈤《辯佛性義》

㈥《竺道生答王衛軍書》

從以上的篇目，可知道竺道生之思想主要環繞「佛性」之觀念，故此撰文論述「頓悟成佛」、「佛性」、「法身」、「佛淨土」、「涅

---

❺ 竺道生之著作篇目，見於《大正藏》第五十冊《高僧傳》卷七，頁36；另見於《大正藏》第五十五冊陸澄撰之〈法論目錄〉，頁83-84。

❺ 《涅槃三十六問》又名《涅槃三十六門》，同❺，見〈法論目錄〉，頁83。

槃」、「泥洹」等問題；亦為討論佛性問題之經典注疏，例如《法華經》及《泥洹經》等。

不過，根據現存之資料對照，竺道生自著的文章（上表第五至十五篇）全已散佚，現只有篇名存於《高僧傳》及陸澄之〈法論目錄〉❸。

現存之直接資料有：

(一)注疏：《維摩經義疏》❺

《妙法蓮花經疏》❺

《泥洹經義疏》❺

(二)書信：《竺道生答王衛軍書》❺

現存的間接資料有當時人為他寫的：

(一)傳記：〈道生法師傳〉❺

〈高僧傳竺道生〉❺

(二)誄文：慧琳〈龍光寺竺道生法師誄〉❻

---

❸ 同❺。

❺ 《維摩經義疏》收於《大正藏》第三十八冊《注維摩詰經》卷十，頁 327–420。

❺ 《妙法蓮花經疏》（上下兩卷），存於《續藏經》第一五〇冊，頁801–832。

❺ 《泥洹經義疏》收於《大正藏》第三十七冊《大般涅槃經集解》卷七十一，頁 377–611。

❺ 《竺道生答王衛軍書》收於《大正藏》第五十二冊《廣弘明集》卷十八，頁 228。

❺ 〈道生法師傳〉收於《大正藏》第五十五冊《出三藏記》卷十五，頁 110–111。

❺ 〈高僧傳竺道生〉收於《大正藏》第五十冊《高僧傳》卷七，頁 366–367。

❻ 慧琳〈龍光寺竺道生法師誄〉收於《大正藏》第五十二冊《廣弘明

故此，從流傳之資料來看，若要了解竺道生之思想，只能根據其注疏及當時之傳記與誄文，另加上其他人（例如謝靈運⑥）對其思想之轉述。

換言之，研究竺道生之思想，只得從其零散的注疏⑥及他人之轉述來了解。還有一點值得留意的是：竺道生對「佛性」一詞之了解主要是根據漢譯之佛典⑥（這亦是南北朝研究佛學的一般情況）。亦由於當時一般佛學研究者大多根據漢譯之佛經來了解經義，故此對「佛性」之了解不一定完全徹合經義。

總結來說，基於以上三大理由：

㈠竺道生之原著文章已散佚，

集》卷二十三，頁 265-266。

⑥ 在〈辯宗論諸道人王衛軍問答〉一文中，謝靈運便有轉述竺道生「頓悟」之思想。此文現存於《大正藏》第五十二冊《廣弘明集》卷十八，頁 224-225；亦收於石峻等編之《中國佛教思想資料選編》，頁 220-224。

⑥ 竺道生流傳下來之三種注疏中，只有《妙法蓮花經疏》是有系統地給予每句經文注疏；其餘《注維摩詰經》及《大般涅槃經集解》之注疏，則是東一句、西一句，而不是每一句經文都給予注疏，有時連續十幾句經文給予注疏，但亦有時相隔十幾句，甚至十幾卷之後才有另一疏解。

⑥ 竺道生自行推論出來的「一闡提人皆有佛性」之觀點，其主要的根據是六卷漢譯之《泥洹經》，由法顯攜至京師。其他反對竺道生之法師，亦是根據此六卷漢譯之《泥洹經》。若竺道生及其反對者懂得梵文，則可直接閱讀原典，而不需等待《大般涅槃經》之漢譯本。事實上，他們的紛爭要到後來西元 430 年曇無讖翻譯之四十卷本《大般涅槃經》傳來之後，爭論才告平息。由此可見晉宋之際研究佛典的情況——乃是基於漢譯之佛經了解佛理。

㈡現存只有零散之注疏、誄文及他人之轉述，

㈢其主要是根據漢譯佛典了解經義。

故此，若片斷地敘述竺道生之思想，則很難全面了解其思想體系。例如方立天把竺道生之「佛性」義歸納為五義❻：㈠本性，㈡善性，㈢自然，㈣法，㈤理。然後方氏各自把五義說明，但他卻未能顯示此五義間之關係，只能給予一些零碎之敘述。

另外，湯用彤亦把竺道生之「佛性」義分為五段來說明❻：㈠實相無相，㈡涅槃生死不二，㈢佛性本有，㈣佛性非神明，㈤生公說之要義。湯氏之寫法是歷史考據式的，著重陳述資料之出處；至於義理間的邏輯關係及竺道生思想體系之架構，他卻未能清晰明確地顯示出來。

在此，我不採取資料陳述及歷史考據式之寫法，而是著重義理之分析，理論之證成 (Justification) 及架構之建立。故此，首先我嘗試借助語言學的根據，在梵文之原義上，先開出一分析架構 (Analytic Framework)，從而把不同的佛性問題定位。然後把竺道生對「佛性」之不同之論點納入架構之內討論，這樣可把論點與論點間之邏輯關係顯明。

2.「佛性」之詞意

首先，讓我澄清「佛性」之原義❻。「佛性」一詞，在梵文之

---

❻　見方立天著〈竺道生〉，此文收於《中國古代著名哲學家評傳》續編二，頁 371-372。

❻　見湯用彤著《漢魏兩晉南北朝佛教史》，下冊，頁 353-460。

❻　「佛性」之梵文原義是根據霍韜晦〈佛性與如來藏〉之引述。（參閱《佛教的現代智慧》，頁 47-49。）

中有三字：

　　㈠ buddha-dhātu

　　㈡ buddha-gotra

　　㈢ buddha-garbha

　　以前的翻譯，有時把這三字都譯為「佛性」。但是，若依較嚴格之翻譯，則應順序譯成：

　　㈠佛界

　　㈡佛種性

　　㈢佛藏（即如來藏 tathāgata-garbha）

　　"dhātu"，「界」也，此字含有「領域」義及「本元」義。「領域」是指佛之領域，這是從成佛之「果地」(Resultant Ground) 而言；「本元」是指眾生原本之特質、天生而有之本性 (Original Nature)，這是從成佛之「因地」(Causal Ground) 而言。

　　"gotra"，「種性」義，這「種性」是指佛之種性，這表示眾生成佛之根據有如種子之性質一樣，可在將來結成果子，這也是從成佛之「因地」而言。

　　"garbha"，「藏」也，這表示一潛藏的狀態。這是指成佛之前，眾生成佛之能力乃是在一隱藏不顯、未顯之狀態，這也是從成佛之「因地」而言。

　　經過語言分析後，便可明白「佛界」(buddha-dhātu) 之第二義——即「本元」義，與「佛種性」(buddha-gotra) 及「佛藏」(buddha-garbha)，三者在「因地」（即成佛之根據）上，其意有相通之處。故此漢譯有時把此三者均譯為「佛性」。

　　釐清「佛性」一詞之意，我們可得出兩個最基本及重要的意思：

　　㈠佛之「領域」義（屬於果地之觀念）

㈡佛之「本元」義（屬於因地之觀念）

　　從這兩個最基本的意思便可開出有關「佛性」之哲學問題。從佛之「領域」義，我們可討論成佛之後，在果地之中，佛之性質如何？佛之領域如何？若更具體地說，成佛之後，佛之存在形態如何？又依何形態成佛方是究竟？亦即佛身之性質如何方是最圓滿的？從這些問題出發，則可討論「三身佛性」（即「法身」、「報身」及「化身」）等問題。

　　從佛之「本元」義，我們可討論成佛之因，亦即成佛之根據問題。究竟眾生有何能力成佛？成佛是否可能？有何根據？這便可涉及「三因佛性」（即「正因」、「了因」與「緣因」）等問題。

　　若再追問眾生成佛之根據是「本有」、「當有」，還是「始有」，這便是更進一步地討論成佛之根據之問題。引申而言，亦即處理是否「眾生皆有佛性」或「一闡提能否成佛」之問題。（「一闡提」是梵文 icchantika 之譯音，意思是滿身貪欲而斷信根者。）即是，究竟「斷信根者」能否成佛？

　　以上，從「領域」義，我們可討論成佛之形態之問題；從「本元」義，則可涉及成佛之根據之問題。若將因（根據）與果（形態）之關係接上，交待由因地到果地之方式與步驟等問題，這樣，我們便要處理實踐修行成佛之方法論。如此，便可討論「頓悟」與「漸悟」等問題。究竟，由因地走向果地，是個頓悟的過程，還是個漸悟的步驟？

　　通過以上三方面之問題，我們可在「佛性」問題之討論上，有一架構之了解。現用圖把以上三方面之問題總結出來：

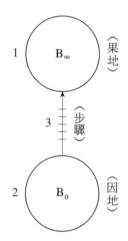

注釋：
1. B$_\infty$：表示眾生之佛性已完全顯現（即已成佛）。這便涉及成佛後之形態問題。
2. B$_0$：表示眾生之佛性在潛藏狀態（即未成佛）。這是眾生成佛之根據問題。
3. ⬆：表示由因地到果地之步驟。這涉及成佛之方法論問題。

在此，本節只建構一個分析架構，從而謹密地討論佛性問題，故此，本節並非要把所有佛性問題逐一討論。本節只顯示在此導向式的架構之中，可討論佛性論中的一些重要問題。

3.竺道生佛性論之分析架構

現將以上之分析架構運用於竺道生之佛性論，從而有系統地討論其對佛性之觀點。

從成佛之果地，即成佛之形態而言，「三身」佛性之觀念可作為一導向式的架構。「三身」是：

㈠法身

㈡化身

㈢報身：正身及依身（佛土）

「法身」是指成佛後以法為身、以法為體（依據）。「化身」是指佛之變化身，對應眾生之機感與緣分，施以方便之教化。「報身」是指眾生實踐修行而最終得果報成佛。這「報身」可分為兩方面：一是「正身」，另一則是「依身」。「正身」是指眾生成佛後之佛身從輪迴中超脫出來，不再受生死輪迴之果報；「依身」是指成佛後其佛身所依據之處，亦即佛土。

在「法身」之觀念下，可討論「法身是有色的，還是無色的」，這便是「法身無色」的問題。在「化身」之觀念下，可討論「成佛後佛身如何相應眾生之機緣而教化之」，這便成「應有緣論」的問題。在「正身」之觀念下，可討論「佛身是否仍在善惡之範疇內，是否仍受果報」，這便成「善不受報」之問題。在「依身」（即佛土）之觀念下，可討論「究竟佛有沒有淨土」，這便是「佛無淨土」的問題。

由此相應「三身」觀念之導向，可分別把竺道生之「佛身觀」之問題定位：

㈠法身無色（法身問題）

㈡應有緣論（化身問題）

㈢善不受報（正身問題）

㈣佛無淨土（依身問題）

「法身無色」、「應有緣論」、「善不受報」及「佛無淨土」乃竺道生之著作篇目（參本章第三節 1.），這四方面之問題構成他的「佛身觀」——交待果地中成佛之形態問題。

從成佛之因地，即成佛之根據，「三因」佛性之觀念亦可作為一導向式的架構。「三因」是：

㈠正因

㈡了因

㈢緣因

「正因」是成佛之邏輯根據，這是從成佛之後反溯，從而顯示一「分析地真」（Analytically True）之根據：即成佛者必有成佛的依據。「了因」則是交待某一眾生自身能否、有否運用般若之智了悟佛家之實相。「緣因」則是一實踐修行之功夫概念，從具體之禪定等活動體證真如。「了因」與「緣因」之觀念不是站在客觀之分析上而言，它倆是從主觀方面，落在主體身上而言，從而能釋現世上之差別現象——有些眾生已成佛，但有些卻未、卻不成佛。「正因」則是成佛之必然根據，它是成佛者必有之成佛能力。若進一步追問時，則可處理此「正因」是「本有」的、「當有」的，還是「始有」的問題。引申而言，亦即討論「眾生是否皆有佛性」或「一闡提能否成佛」之問題。

在「正因」之觀念下，可討論「眾生成佛之根據是本有、當有，還是始有」，這便成「佛性當有」的問題，亦即是否「人人皆可成佛」的問題。在「了因」之觀念下，可討論「如何以般若智慧了悟成佛」，這便成「悟理成佛」的問題。在「緣因」之觀念下，可討論「實踐修行成佛之具體功夫」，這便是「應有緣論」的問題。

故此，相應「三因」（及「三有」）之觀念之導向，可分別把竺道生之「佛因觀」之問題定位：

㈠佛性當有（正因問題）

㈡悟理成佛（了因問題）

㈢應有緣論（緣因問題）

「佛性當有」及「應有緣論」乃竺道生之著作篇目（參本章第三節 1.）；另外，在其注疏之中，竺道生屢屢強調「悟理成佛」之觀點（詳見第三章第二節 2.）。這三方面的問題構成了他的「佛因觀」——交待因地中眾生成佛之因緣問題。

從成佛之果地，我們有竺道生之「佛身觀」；從成佛之因地，則可有其「佛因觀」；現把因果兩地連接起來，則可有其「方法論」。

從成佛之方式或步驟而言，則要處理兩個問題：

㈠善不受報

㈡頓悟成佛

「善不受報」及「頓悟成佛」均是竺道生之著作篇目（參本章第三節 1.）。若討論成佛之過程或方式，則必然先要解決一大前提：「行善有否果報」之問題。若行善沒有果報，則眾生不需實踐修行，因為若沒有果報，即表示行善亦不能成佛。故此，處理完畢修行之大前提後，方可討論修行之果報之方式或步驟：即頓悟成佛還是漸悟成佛的問題。

4.分析架構之作用

以上，通過「三身」之觀念把竺道生之「佛身觀」之問題定位；又運用「三因」及「三有」之觀念將其「佛因觀」之問題定位；再使用成佛之方式或步驟之觀念而安排其「方法論」之問題。如此，便能有系統地建立一分析架構，從「佛身觀」、「佛因觀」及「方法論」三大方向重建竺道生之「佛性論」。

此架構只給予一導向的作用，卻並無決定此些問題之具體內容。這些由後世發展而整理出來之觀念：如「三身」、「三因」❻

及「方法論」等觀念只負責建構一抽象之分析架構，從而可以把不同之佛性問題置定於一合理的位置，使各問題之間的邏輯關係較能清晰明確；但是，這並不表示此分析架構已決定了竺道生對此些問題之內容，即不能決定其對不同之佛性問題之觀念。

例如，從討論「法身」問題而言，這分析架構只能決定我們在此觀念下，應該討論成佛後佛身是依何形態成佛：究竟佛之法身是有色的，還是無色的？這分析架構不能作內容上的決定；若要具體地了解竺道生對「法身」觀念之看法，則必要落實地從其注疏之中發掘其自身之觀點。故此，總上而言，此分析架構之證成 (Justified) 並沒有決定竺道生之「佛性論」之具體內容，亦即沒有強加竺道生之意。

亦因為運用後世之觀念架構，我們才可有一客觀之標準，用以衡量竺道生之歷史地位：既可正面肯定他在當時之時代背景之創見；亦可批評其不足之處。故此可了解他確是中國大乘佛學之先驅，他的「佛性論」可反映出過渡時期之思想（詳見第四章）。

---

❻❼ 本書所使用之「三身」及「三因」觀念，主要是採取天台宗對此些觀念之整理、劃分。（參閱牟宗三著《佛性與般若》，上冊，頁189–216。）

第二章　竺道生佛性論之理論基礎

　　竺道生之佛性論乃建基於其般若學之觀法，亦即般若實相觀
——觀一切法不合不散、無色無形、無相對相；實相一相，所謂
無相。

　　般若智之妙用乃在蕩相遣執，此亦是般若學之性格。《維摩經》
亦是般若經之一種，亦有此融通淘汰之精神。竺道生乃般若學翻
譯大師鳩摩羅什之高足，其注釋《維摩經》，則可反映其般若學之
觀念。故此先從其注疏之中，把其「般若實相觀」重建，才能顯
示他的「佛性論」之特色。這是本章第一節處理的問題。

　　跟著下來，由於竺道生特重「法」、「理」之觀念，故此，繼
般若實相觀之後，特別處理其「法理觀」。然後把「般若實相觀」
與「法理觀」之關係表明。這是本章第二節處理的問題。

　　建立了第二章「理論基礎」之後，進而在第三章「竺道生之
佛性論」中，便可清楚顯明他的「佛性論」乃是吸收了般若學蕩
相遣執、融通淘汰的妙用與精神，成為他的「佛性論」之理論基礎。

一、般若實相觀

竺道生為《維摩經》注疏，則表示他明白般若實相之學。我們可從《注維摩詰經》之注疏重建他的般若實相觀。

般若學翻來覆去，輾轉引申，乃是要開展「緣起性空」之觀念，以顯明萬法空無自性（由此而得名空宗）。其所採取之方式是以雙遣之兩難式——既否定 A、亦否定非 A❶，從而把「緣起性空」之法則極度發展，成觀法上之無諍法，因此可作為大小乘所共許之共法。

1.緣起性空

事實上，「緣起性空」乃佛家哲學共許之前提，這亦是般若學之核心問題。

在《維摩經・觀眾生品》第七之中，文殊師利問維摩居士「善不善」、「身」、「欲貪」、「虛妄分別」、「顛倒想」、「無住」是否一切法之「本」❷，維摩回答他「無住則無本」、「從無住本立一切

---

❶ 「A」在本篇之使用是泛指一詞項 (Term)、一命題 (Proposition) 或一正面之主張。

❷ 〔文殊師利〕又問：善不善孰為本？

答曰：身為本。

又問：身孰為本？

答曰：欲貪為本。

又問：欲貪孰為本？

答曰：虛妄分別為本。

又問：虛妄分別孰為本？

法」（同❷）。

依維摩之意，「善不善」以「身」為本；「身」以「欲貪」為本；「欲貪」以「虛妄分別」為本；「虛妄分別」以「顛倒想」為本；「顛倒想」以「無住」為本。此形式是「x 以 y 為本」——這是指 x 以 y 為依住或依止。換言之，「善不善」依住於「身」；「身」依住於「欲貪」；……「顛倒想」依住於「無住」。此五步依住名為「五住」（即所謂「五住煩惱」）。

相對來說，此「五住」好像各有所依；但是這並非究竟之說，而是一暫時之說。最終來說，此「五住」之依皆是無所依，因為前四住依止於第五住「顛倒想」，而「顛倒想」最後則是依止於「無住」，即「以無住為本」，但「無住則無本」；換言之，「五住」之最後依止根本是無本，亦即無所依止。故此，「五住」之本其實是無本之本，亦即「五住」根本沒有本。從無本之本便可成就一切法——一切法皆是沒有本而得以生成（存在）。這輾轉之推理其實是要顯明一切法皆是沒有本、沒有體，亦即空無自性。這些都是「緣起性空」之分析語 (Analytic Statement)❸——即是從「緣起性空」之詞項便可分析出必然地真之謂詞 (Predicate)：即「無本」、「無體」、「無自性」之性質。

故此，竺道生把握此「緣起性空」之義，為維摩居士之答辯

答曰：顛倒想為本。

又問：顛倒想孰為本？

答曰：無住為本。

又問：無住孰為本？

（見《注維摩詰經》，頁 386，收於《大正藏》第三十八冊。）

❸ 參閱牟宗三著《佛性與般若》，下冊，頁 676–677。

注疏。依竺道生之意,「所謂顛倒,正反實也,為不實矣」❹,即是說「顛倒想」與真實相違,所謂「顛倒想」是指以對為錯,以錯為對之想法,如此顛倒對錯,自然是「不實」(不真實、不實在)。

以「顛倒」概括其他「虛妄分別」、「欲貪」、「身」、「善不善」等之煩惱法,這表示一切煩惱法亦如「顛倒」一樣,也是空無自性,「為不實矣」。

因為「顛倒以無住為本」──即「顛倒」以無依止為本;故此「顛倒」「以不實為體,是自無住也」(同❹)。一言以蔽之,「顛倒」自身無所依止。「顛倒」自身「既不自住」、既無所住,其他依止於「顛倒」之一切煩惱法亦無所住,故此,「既不自住」,亦不「他住」❺:其他法之自住亦不能成立,此即一切法無所住。而「無住即是無本之理」(同❺)──無所依止就是沒有本、沒有體、沒有自性之理;這是一分析語,即是從「無所依止」(即「無住」)便可分析出「沒有本體、沒有自性」(即「無本」)之理。因為「有本方可有住」(p → q),故此反過來說馬上可分析出「無住即是無本」(~q → ~p)。一切法之住乃無住之住,一切法之本乃無本之本;分析地說,一切法以無本而住,一切法之本以無住為本。由此便可推出「無住本」之觀念,「無住本」即是「無住為本、無住之本」之意;由此進一步便可說「從無住本立一切法」,即一切法之成立(存在),其最後是沒有本、沒有體、沒有自性,換言之,一切法之存在不是由一本體創生的。而「一切法莫不皆然」:「從無住本立一切法」❻──沒有一法不是如此空無自性,以無

---

❹　《注維摩詰經》,頁 386。

❺　「既不自住,豈他住哉?若有所住,不得為顛倒也。」(同上)

❻　《維摩經》曰:「文殊師利,從無住本立一切法。」

本而住，以無住為本。

　　若用現代語言說清楚一點，「無住」是一遮詮字 (Negative Expression)，這是針對「世俗肯定一最後實有之本體而依止於這本體」之觀點，此是「有本而住」，但是，「緣起性空」之立場是「無本而住」，故此，必定運用「無住」來遮詮「有本」之說法；從這遮詮則可顯示一切法皆無自性，亦即「無本」。故此，「無本」等同於「無住」，因為這「無本」亦是一遮詮字，其意是沒有本體，亦即是否定有本體、有自性❼。這是「緣起性空」之通義❽，亦可說是竺道生對「緣起性空」之理解。

　　竺道生注：「一切法莫不皆然。」（同上）

❼　劉貴傑了解竺道生之「實相觀」是以本體來了解。劉氏曰：「實相乃指宇宙萬有之本體而言，現象界中，一切有形之假相皆為虛妄，唯獨萬有之本體，不變不壞，故名之為實相。然此本體不能見諸一切事相，故曰實相無相，亦即因緣和合而生之事物，因無其實性，乃為幻化無常之空相。」（見《竺道生思想之研究》，頁48。）
　　簡言之，劉氏之基礎觀念是認為宇宙萬有有本體，而這本體並非經驗對象，故此是「實相無相」。若從世間哲學，如西方之本體論而言，劉氏之說則可成立；但是，若以本體論之說解釋佛家之實相觀，此則有誤。
　　佛家共許之前提是「緣起性空」——就緣起之無自性而當下直言諸法無本體，故此才有「從無住本立一切法」之說。「從無住本立一切法」意即從無住（無所依）之本，即無本之本「成就」一切法。這「成就」一切法不是「由本體生起一切法」之意，因為佛家根本不承認有本體，故此才說「無本」（或「無自性」、「空」等）之觀念；佛家是就「緣起性空」而言諸法之有（存在）乃是依因待緣而出現，這是一橫面的 (Horizontal) 描述，而非由上而下之縱性的 (Vertical) 關係而生起諸法。（參閱牟宗三《佛性與般若》，下冊，頁 677–678。）

❽　同上，頁 677–678。

　　基於「緣起性空」之觀念，竺道生把這通義應用於其他諸法（事物）之上，故此說「幻人」、「人」、「眾生」與「花」均「不實」（非有實在之自性），全是如幻如化的。依他之意，他並非要否定「有幻人」，只不過說「幻人」不是實有的，故此他說「非不有幻人，但無實有」❾，「無實有」是指沒有一實在自性之幻人，故此不能執著以為「幻人實有」；因為「人」自身之存在也非「實有」，故此沒有「實人」：沒有一實在自性之人，所以，「既無實人，以悟幻人亦無實矣」（同❾）；引申而言，亦不能執著以為「眾生實有」：不能以為眾生有一實在之自性，故此竺道生曰：「苟幻人之不實，眾生豈獨實哉？」（同❾）換言之，即是「眾生不實」❿；如此類推，也不能執著以為「花朵實有」：不能以為花朵有一實在之自性，故此說「華（花）性無實」⓫，至於花性之「如法不如法」之問題，只是「出惑想之情耳，非花理然也」（同⓫）。換言之，從「理」而言，花非實有，這「理」當然是指緣起性空之理，若以為花性「有實在之自性」，此乃是出於「惑想之情」——迷惑妄想之情識。

　　總上而言，依竺道生之意，幻人不實，人亦不實，眾生亦不實，花亦無實性。故此，為了申明「一切事物都不實」之觀念，竺道生對「緣起性空」之法理有一整體之說明。

　　他說：「法有二種：眾生空、法空」⓬。「眾生空」與「法空」

---

❾　《注維摩詰經》，頁 383–384。

❿　「既悟眾生不實，必自兼物。」（同上，頁 384。）

⓫　「華性無實，豈有如法不如法之分別哉？」，「如法不如法，出惑想之情耳，非花理然也。」（同上，頁 387。）

⓬　同上，頁 346。

合起來代表一切法皆空。「眾生」代表人自身之存在,「法」代表人自身以外之事物之存在。「人自身」與「人自身以外之事物」合起來代表整個存在世界;故此「眾生空」與「法空」合起來即表示一切法皆空。

所謂「空」者,即是「無自性」之意。因為既從他物而生,此即表示諸法之「自性」不能成立;由此,建基於「自性」觀念之「他性」(即他物之自性)亦不能成立**⑬**,因為一切法本來就不是如此──有自性。一言以蔽之,一切法空無自性,如幻如化,這是就「緣起性空」之觀念而明一切法空幻不實。

2.蕩相遣執

「緣起性空」乃諸法之性,即一切法空無自性。若以為諸法有本、有住、有體,此乃執著;有所執著便須破執。般若智之妙用妙於蕩相遣執,針對諸法之定性定相之執而進行掃蕩。故此運用雙遣之格式:既說「非A」,亦說「非非A」,這樣便能把「A」與「非A」之二分性 (Duality) 消融。因為若說「某法是A」或「某法是非A」,此二說均是「肯定之述語」(Affirmative Assertion),這便成概念或命題;若成概念或命題,則表示有客觀的及決定的意思,亦即有定性,在「緣起性空」之原則下,這便算是執著,而必要運用雙遣之格式,把種種執著融通淘汰,故此既說「非A」、同時亦說「非非A」。這是以雙遣的格式使諸法不成為決定的概念或命題;換言之,般若之妙用是不說「這法是什麼」,即不作「肯定之述語」,而只說「這法不是什麼」,即是說「這法既不是A(即

---

⑬ 「從他生,故無自性也。既無自性,豈有他性哉?……故如幻。」(同上,頁348。)

「非 A」)、亦不是非 A (即「非非 A」)」。如此則可不落實於 A 或
非 A，永遠只留於一不決定的狀態，亦即一無定性之狀態。這便
契合「緣起性空」無本、無住、無體、無定性之原則。這就是般
若智蕩相遣執之作用、融通淘汰之精神。

竺道生亦明白般若蕩相遣執之妙用，故此依竺道生之意❶，
諸法皆是「緣生」──即是依因待緣而生成，亦即無自性，故此，
分析地說，諸法「非實」(無實在之自性)，因此，「出」(即「生」)、
「滅」、「常」、(「斷」、)「一」、「二」(即「異」) 之觀念皆不能成
立。故此說「不出」、「不滅」、「不常」、(「不斷」、)「不一」、「不
二」，此「六不」皆是用來形容諸法緣起性空之性質。這是就「緣
起性空」之觀念而以雙遣之格式說諸法空無自性 (這與《中論》
之「八不」相同❶)，以達融通淘汰、排遣一切執著有實在自性之說。

故此，竺道生顯明❶，「生非定」──生不是有定性、自性之
生；但是，此並不表示生之相對詞「滅」是有定，換言之，「生非
定」，「滅」亦不定。如此類推，「常是無 (自性)」，而「無常」亦
無自性。故此將二法 (生與滅，常與無常等) 合起來雙遣之便是

---

❶ 「緣生非實，故不出；緣散必滅，故不常。前后，故不一；不離，
故不二。來去之義，類生滅也。非作因，故非因；非因，故非果也」。
這是竺道生注《涅槃經》之「十二因緣，不來不去，非因非果。」(《大
般涅槃經集解》，頁 548。)

❶ 《中論》之「八不」見於〈觀因緣品〉：
　　不生亦不滅，不常亦不斷，
　　不一亦不異，不來亦不去。
　　能說是因緣，善滅諸戲論。

❶ 「始若果然，則生非定矣。生不定生，滅執定滅？……然則無常雖
明常之為無，亦以表無無常也。」(《注維摩詰經》，頁 371。)

「不生不滅」、「非常非無常」、「如此二法無決定性」**❶**，亦即二法「無定（性）爾」。

　　總上來說，「不出」是指沒有一個有自性之出法；「不滅」是指沒有一個有自性之滅法；「非因」是指非有一個有自性之因；「非果」是指非有一個有自性之果；如此類推，其餘「一」、「二」、「來」、「去」等，亦復如是，非有自性。皆因此些一對對之「二見」均是緣生，而非有實在之自性。這如幻如化之法可運用般若智融通淘汰的妙用化掉。

　　故此，竺道生說：「三界之法，非實理也」**❶**，即是在三界內之事物（法），皆非有實在自性之理；故此說諸法之理，「非實理」，而是空理──諸法只有緣起性空、無自性之理。這包括「來、去」、「因、果」、「生、滅」、「一、異」、「內、外」等二見，亦是無實在之自性，眾生對此些緣生之二見其實是「無所得」──不能得理，所以竺道生曰：「二見無所得也」（同**❶**）。因為「見」者，乃偏執之意，故此說「諸見者，邪見也」**❶** ──「邪」者，即是不正；「不正」即是有所偏。「有所偏」預設了「有分別」，因為一說見某法（如 A），即是預設了有「非 A」之分別，若無「非 A」之存在，則不須特別說見 A；若無一法不是 A，則一切法皆是 A，若此時說見 A，雖則是一必然地真的恆真句 (Tautology)，但亦可算是一句多餘的廢話，因為無一法不是 A 之時，多說一句見 A 並沒有增加任何新的看法，故此不算真有所見；若是有所見，必然是「二見」，亦即預設了「有分別」。

---

❶　同上，頁 377。

❶　同上，頁 377。

❶　同上，頁 345。

　　但是，一旦有分別，即非實相。因為實相是寂滅相，寂滅相
是無相；無相是一相（即絕對相），故無二見之分別。這是需要以
般若之無分別智方能觀之——觀「無所得理」❷，方能體證無二
見之分之理，故此竺道生有言：「智慧觀之，理無內外，然后二見
不復得內外也」（同❷）。般若之妙用，在於它能把 A 與非 A 之二
分（或二見）消融，故此自然不得說有見 A 或有見非 A，A 與非
A 之分別已被般若之妙用掃蕩，故此不能說得 A 或非 A，所以「二
見不復得內外也」、「二見無所得也」。

3.言說文字畢竟空

　　語言文字之「二分」(Dualistic) 性格乃是其本質，語言文字之
存在正是用來成就分別之活動。「有二分」者，即表有虛幻，故此
竺道生說：「妄想者，妄分別之想」❷——所謂虛妄之想，其實是
就分別活動而言；換言之，分別活動的性質是虛幻妄想的、不真
實的。皆因語言文字全由我們自身人為地虛構而施設出來的。

　　竺道生亦明白語言文字自身之限制，亦曉得名言概念之性質。
故此他說：「以諸法化幻，言說亦然故」❷，即是他也接納言語文
字本身亦如其他諸法（事物）一樣，皆是如幻如化——即是沒有
實在之自性，所以他正式說：「名下無實」❷——名言概念是不
實的。

---

❷　「以無所得理斷之也。」（同上，頁 377。）

❷　同上，頁 356。

❷　同上，頁 352。

❷　同上，頁 377。

　　故此，若要「解脫」，即不能被語言文字縛死，即是不要「縛在文字」，這便是竺道生所言「不復縛在文字，故言解脫也」❷。我們固然要通過文字來說理（空理），但只要能明白其旨趣，則不須執死言辭，這是「存旨而不在辭」❷；既能從文字解脫出來，則能直接面對諸法而得悟解，故此竺道生曰：「文字既解，還得復悟解在諸法也」❷，此即不以文字作為媒介，不必間接地了悟諸法，而是從如幻如化的文字釋放出來，直接悟解諸法。

　　在解釋如何入不二法門時，竺道生便能清楚顯示言語文字之「分別」性，亦即虛幻性。依他之意：「有相則有對，有對則為二，不繫一與三」❷，即是一旦有所言說，則表示有形聲之相狀及對象，一旦有形相、對象，便馬上落入「對二」——二分之中，即有Ａ與非Ａ之對立，所以說「有相則有對，有對則為二」；既是「為二」，故此不是「一」，亦不是「三」，這便是「不繫一與三」。

　　若想以言語解說不二法門之義，此乃是一根本的矛盾：以二分之言語解說不二之義。這是語言之本質上之限制。故此竺道生說：「前諸菩薩，各說不二之義，似有不二可說也。若有不二可說者，即復是對二為不二也。是以文殊明無可說乃為不二矣」❷。言說是「對二」的，不二法門是「不二」的，換言之，言說與不二法門，二者之性質，最終來說，是截然不同的，故此不可言說不二法門之義。文殊師利亦明白真正之不二法門是「無可說」的。

❷　同上，頁352。
❷　同上，頁353。
❷　同上，頁352。
❷　同上，頁398。
❷　同上，頁399。

　　但是，文殊雖然「明無可說乃為不二」，他卻運用言語問維摩居士何等是菩薩入不二法門（同❷）。這表明文殊祈望維摩居士回答他如何能入不二法門。若文殊真徹了悟不可說之理，則他不須多此一問。因為一有所問，便要求有所答；一有所答，便須要運用語言；而語言的本質卻是二分性的，故此一旦答他，便落入二分之中，馬上犯「以二分之言語解說不二分之理之矛盾」，此即「復是對二為不二也」。故此，維摩居士不能回答他，只能「默然無言」，以不回答來回答他，這不答之答便不需要運用語言文字，既沒有運用二分之語言文字，即無犯以「對二為不二」之矛盾，故此是真正絕對無二、不二之法門，因為既無所說，何來「有對」、何來「有二」？故此竺道生亦指出，若文殊師利通透明白「說為無說」之理，他便不需多此一問，而維摩居士之「默然無言」，正好顯明「言之不實」，否則，維摩「豈可默哉」❷？

　　最後，文殊亦醒覺而讚歎曰：「善哉！善哉！乃至無有文字語言，是真入不二法門」（同❷）。一言以蔽之，文字是對二的、分別的、虛幻的、不實的。

4.諸法畢竟空

　　從「語言文字自身之限制」來看，若抒緣起法之「空」義而「復見有空」、「得第一義空」，此即是把「空」執著而以為「空」是一實有物或本體，此即是不空、不化。所以必要將這「空」亦空掉（此亦是龍樹十八空中之「空空」或「畢竟空」之原意❸）。

❷　「文殊雖明無可說，而未明說為無說也。是以維摩默然無言，以表言之不實。言若果實，豈可默哉？」（同上，頁399。）

❸　參閱《佛性與般若》，頁55–93。

　　竺道生在此關鍵性之觀念上，亦明白「空」非實物字、亦非本體義。故此，他說：「虛空亦本無也」❸。所謂「虛空」，乃是相對於「實有」而言。若不是「實有」，便是「虛空」。但這不表示世間有一實體名曰「虛空」而有其實實在在之存在，故此說「虛空亦本無也」、「虛空自表無空」❸。

　　這「虛空」與「緣起性空」之「空」，二者意思不同。「虛空」之「空」是落入經驗界之中報告「有物」或「無物」：「有物」者則不是「虛空」；「無物」者則是「虛空」。若知道所謂「虛空」者，其實只不過是「無物」之名矣；並非世上存有一物名之為「虛空」，所以「知空者，為不見空」（同❸），而竺道生亦清楚說明「無物名虛空」❸，這樣了解空才是真實對確。

　　以上釐清了「虛空」並非實物字。但「虛空」之「空」與「緣起性空」之「空」不同，雖然二者均非實體字。故此，竺道生對「緣起性空」之「空」義亦有清楚之看法，他說：「夫言空者，空相亦空」❸。在此，竺道生所言之「空」是指「緣起性空」之「空」，即是緣生空無自性之意，並非報告「無物」——沒有事物之「虛空」，因為諸法（事物）是有（存在），故此是「有物」，而不是「無物」，即不是「虛空」之意，諸法之有（存在）皆是在一依因待緣

　　諸法畢竟空與《中論》之精神相同。論中有曰：
　　　　大聖說空法，多離諸見故。
　　　　若復見有空，諸佛所不化。
❸　《大般涅槃經集解》，頁 519。
❸　「不見虛空者，虛空自表無空。知空者，為不見空。」（同上，頁 533。）
❸　「若是無物名虛空者，如是空乃名為實者。」（同上，頁 533。）
❸　「夫言空者，空相亦空；若空相不空，空為有矣。空既為有，有豈無哉？然則皆有而不空也。」（《注維摩詰經》，頁 373。）

之狀態，只不過諸法之存在是沒有本體，即空無自性的，這是「緣起性空」之通義。這「緣起性空」之「空」其實是個法則、是個理，故此「緣起性空之理」合起來可簡稱之為「空理」❸一詞，故此，「夫言空者，空相亦空」，因為「空」既然只是個法則，此法則之存在狀態當然不像一具體實在之事物之存在狀態一樣：有其經驗內容之呈現，亦即是說「空相」（空之呈現之相）「亦空」（亦是空無的），因為它根本是一個抽象之法理而不是一具體之物。

所以，若以為「緣起性空」之「空」是「有相」（有具體呈現之相），此則不對，這是把「空」看成是一經驗對象，但「空」只是個法則、只是個理，故此是「無相」（沒有具體呈現之相）。所以，竺道生說❸若果「空似有空相」，這樣，「空則成有矣」，這絕「非所以空也」，所以要「言無相」——空是無有相狀的。

若了解「空」或「空理」是用來抒緣生諸法之空無自性之義，便能明白為何竺道生說：「空理無病，病有空耳」❸。因為緣起性空之理（即「空理」）自身絕不產生毛病，毛病只在於以為真的有一實體之「空」，所以說「病有空耳」，因為，如是這樣，「空」或「空理」確實變成不空，亦即「空則成有矣，非所以空也」（同❸）。這便產生毛病，毛病在於以為空是「有相」，其實不然。若能真正明白「空」，便應順此「空」而「隨無相」（同❸）：不執著「空」是有相。

如此了解「空」便能明白實相，此乃「第一義空」。但亦不能

---

❸　「空理無病，病有空耳。」（同上，頁377。）

❸　「空似有空相也，然空則成有矣，非所以空也，故言無相耳。既順空，便應隨無相。」（同上，頁347。）

❸　「空理無病，病有空耳，就病言之，故謂空為病也。」（同上，頁377。）

執著「第一義空」而以為有一實在自性之「第一義空」具體地存在，故此竺道生又說「無有得第一義空」❸。

總上來說，雖然說不能得「空」、「空理」或「第一義空」，這並不表示沒有「空」、「空理」或「第一義空」；此三者是有的，只不過不是「實有」而已──不是有一實在自性之「空」、「空理」或「第一義空」。所以竺道生只是說沒有具體實在之「空」，而並非沒有「空」❹。一言以蔽之，「緣起性空」之「空」只是個抒義字，它不是個對象語言 (Object-language) 或實物字 (Substantial Word)，它所抒是緣生無自性之義，故此不能「執空」──把「空」執著以為它是實有或本體，故此而要把這「空」也空掉，此亦是般若化執之妙用，所以是「諸法畢竟空」──連「空」自身也空掉、化掉，免使眾生「執空」（這便是「空空」之意）。

5.般若具足一切法

從消解之作用而言，般若遍蕩一切相、遍遣一切執。故此，為了顯示不二法門，維摩居士最終歸結於默然無語，進入一超越文字之絕對、不可分之實相世界。但是，這只是發揮了般若之負面作用──巧妙地融通淘汰、蕩相遣執，以顯寂滅之實相。而般若智之活用，則不局限於此消融之作用，實相般若亦可巧妙地不著不離一切法而具足一切法。

因為般若能真知諸法實相。但般若之知是知而無知，以無知知；般若之證是證而無證，以無證證；般若之住是住而無住，以無住住❹；故此，引申而言，般若之說是說而無說，以無說說。

---

❸　《大般涅槃經集解》，頁 546。

❹　「所言空寂，明無實耳，非謂無也。」（《注維摩詰經》，頁 375。）

既是說而無說，即可「不壞假名而說諸法實相」❹。這便不一定
要默然無語，既可說而不著於說，既然是說則不離於說，故此是
不著說亦不離說，這便是活般若；若規定自身一定不可說，或一
定要說，這便落實於一邊，即成死般若，而不是活般若。皆因般
若既能消融、淘汰一切法，亦能不著不離一切法。

　　般若具足一切法之方式正是不離不捨不壞亦不受不著不可得
一切法而具足一切法❷。簡而言之，欲得般若活智，則不能捨離
一切法；如捨離一切法，則般若蹈空，亦不成其為般若。但亦不
能著一切法；如著於法，則成執著，結果不能見諸法之實相，而
般若亦死。如此，般若之成其為般若，只有在不捨不著之方式下
具足一切法，乃成為實相般若❸。

　　在《維摩經》中，此種不捨不著之方式比比皆是。從竺道生
之注疏中，他亦廣泛地顯示般若具足一切法之觀念。如解釋「宴
坐」之觀念時就是。經曰：「心不住內，亦不在外，是為宴坐」❹。

　　這是雙遣地化除執著於住內或外。依竺道生之注疏❹，若一
定要住實於內，則執實「不肯馳外」，因為恐怕馳外時心有所亂；
若能不住實於內，而可往外馳，卻又不為外馳所亂，此則人雖在
外，心卻不住實於外。如此，則可不執實住於外，既可往外而心

---

❹　見《佛性與般若》，上冊，頁 62。

❹　《大智度論》卷五十五，〈散華品〉第二十九。

❷　見《佛性與般若》，頁 71。

❸　參閱《佛性與般若》，上冊，頁 77。

❹　《注維摩詰經》，頁 345。

❹　「若以馳外為亂，住內為定，即復為內外所馳……心不住內者，則
　　無內可住也；亦不在外者，則無外可在也。然後乃是不復馳焉。」（同
　　上，頁 345。）

不馳，亦可留於內而心無馳，此即不住實於外或內。無論在外或在內，心卻不馳，此乃真正之「不復馳」，不因在外而必出；不因在內而必不出，這才是真正之禪定宴坐。如此，「住內」或「在外」均不能亂其心，既不著內外，亦不捨內外。這是雙遣內外法，亦同時具足內外法之宴坐。

　　另外，經中又云：「不斷煩惱而入涅槃，是宴坐」**❹**。這是雙遣執著煩惱或涅槃。

　　依竺道生之疏**❹**，涅槃實相只是空寂無相，故此「般泥洹者，正名云滅」**❹**。寂滅涅槃，無一法可得，故此不能視之為一實物而欲取之，此則變成執取泥洹（即涅槃），即被泥洹所縛，故此說「若必以泥洹為貴而欲取之，即復為泥洹所縛」。煩惱乃空無自性，亦是空寂無住，此即表示無有實體之煩惱，因為一切煩惱法皆依止於「無住之本」，故此一切煩惱亦是空無自性（詳見本節 1.）。就此「空寂」之義而言，涅槃與煩惱無有分別，因二者同是空寂無相，故此可以說「不見泥洹（即涅槃）異於煩惱」。而涅槃實相即就煩惱之空無自性而當下直證之，這是一種證顯之境界，故此不能離煩惱而證涅槃，即不能把世間之煩惱法斷去才來證涅槃；另一方面，亦由於已證涅槃，已體證煩惱之空寂、無住無本，故此亦不縛於煩惱法之中。總而言之，既不縛於涅槃，亦不縛於煩惱，故此是「無縛矣」。這便是既不著於煩惱涅槃，亦不捨煩惱涅槃，此即雙遣煩惱與涅槃，亦同時具足煩惱涅槃之宴坐。

---

❹　《大般涅槃經集解》，頁 377。

❹　「若必以泥洹為貴而欲取之，即復為泥洹所縛。若不斷煩惱即入泥洹者，是則不見泥洹異於煩惱，則無縛矣。」（同上，頁 377。）

❹　《大般涅槃經集解》，頁 377。

如此類推，相類似的不捨不著一切法之般若妙用之具足一切法，散見於《維摩經》及竺道生之注疏❹。今不煩舉。

6.小　結

從上綜觀竺道生之般若實相觀，他已頗能徹合《般若經》或《中論》等之原意。既明「緣起性空」之大原則（本節1.），亦能以雙遣的方式「蕩相遣執」（本節2.）、「融通淘汰」，發揮般若之妙用。在最重要之關鍵上亦明白「空」非實體字，故此亦知語言文字之限制，深懂「言說文字畢竟空」（本節3.），而能推出「空空」或「諸法畢竟空」（本節4.），最後以維摩居士之默然無語為不二法門。亦能了解實相般若之不著不捨一切法，發揮般若活智之具足一切法（本節5.）。

事實上，竺道生乃般若學翻譯大師鳩摩羅什之門生，也曾隨

---

❹ 現多列幾個例引證竺道生對「般若不捨不著一切法」之觀點：

　㈠經曰：若能不捨八邪入八解脫，以邪相入正法。

　　竺道生注：若以定欲福於人，則是滅、盡、定異於八邪矣。

　　苟有異心，不能福也。若能不捨八邪入八解脫者，則無異矣。（《注維摩詰經》，頁348-349。）

　㈡經曰：如是食者，非有煩惱，非離煩惱。

　　生注：既受食之，便應著味生煩惱也。以既解脫心而食者，則不生煩惱，故言非有煩惱。既無煩惱，又不見離之矣。（同上）

　㈢經曰：非入定意，非起定意。

　　生注：比丘食法，食時作不淨觀，觀食也。雖入此定，不見入也。不見入，非入耳，非起定也。（同上）

　㈣經曰：非住世間，非住涅槃。

　　生注：食既充驅，則命存住世也。既得存命，行道以取泥洹，故不兩住。（同上）

其師翻譯《小品般若經》與《大品般若經》❺⓿，故此能直接了解般若學之實相觀。另外，他與「解空第一」出名的僧肇是同窗，共學於鳩摩羅什，竺道生也曾把僧肇之重要著作〈般若無知論〉帶給劉遺民❺❶。由此可知，竺道生也能閱得僧肇之般若學說。

由以上之外緣亦可外在地助證竺道生之般若實相觀頗能契合般若學原本之精神。因為他若有不明之處，他既可問其師般若學翻譯大師，也可與解空第一的同窗討論，又可直接閱讀其新著〈般若無知論〉，從而了解般若學之原意。不過最重要的還是內在地從竺道生自身之注疏中找尋根據作引證。從注疏之中，最低限度可接受一客觀之結論：竺道生已擺脫當時格義比附之風，他雖亦運用玄學之語言，但基本上他已能內在地了解佛家般若學之原貌。

二、法理觀

竺道生之佛性論，特重法、理之觀念，他屢屢強調法、理之重要性，依他之意，成佛不能離開法、理❺❷。

究竟其所言之「法」與「理」是什麼意思？「法」與「理」是相同的概念，還是不同的概念？若是相同，其相同之義是什麼？若不相同，二者又有否關係？若有的話，又有何關係？「法」與「理」

---

❺⓿　見方立天著〈竺道生〉，此文收於《中國古代著名哲學家評傳》續編二，頁350。

❺❶　見湯用彤著《漢魏兩晉南北朝佛教史》，下冊，頁447。

❺❷　例如他說：
　　「以體法為佛，不可離法有佛也。」(《注維摩詰經》，頁398。)
　　「佛為悟理之體。」(同上，頁360。)

是就那一個問題上而使用此二概念？「法」、「理」與竺道生之般若
實相觀有否關係？若有，又有何關係？

在未提出正面解答之前，我會先從竺道生之注疏中，把「法」、
「理」之字義釐清，然後再顯示二者之關係，進而把「法」、「理」
之觀念與「般若實相觀」的關係表明。

1.「理」之字義

依竺道生之意，「理」是指真理或道理之意。由於真理不違反
真實，故此他說「理不乖真」❸。眾生所以不見真理，皆由於被
無明所蒙蔽，故此又說「眾生無明所覆，不見理也」❹。何謂魔？
何謂外道？所謂魔與外道，就是那些與真理之方向背道而馳的人，
故此說「魔與外道，是背理之極」❺。真理是如其所如，順其所
是，所以說「言理相順，謂之如也」❻。佛所說的都是為了引證
「真實之理」❼，即真實之道理，亦即真理。

總上而言，「理」者，真理或道理義。這真理的性質是「深奧」❽、
「微妙」❾、「幽淵」❻⓪、「皎然」❻①、「唯一」❻②、「內實」❻③、

---

❸　《妙法蓮花經疏》，頁 818。

❹　《大般涅槃經集解》，頁 547。

❺　《注維摩詰經》，頁 374。

❻　《妙法蓮花經疏》，頁 801。

❼　《大般涅槃經集解》，頁 395。

❽　「理深道妙，不可輕說。」（《妙法蓮花經集解》，頁 826。）

❾　「文殊知理既微妙。」（同上，頁 804。）

❻⓪　「夫玄理幽淵，出乎數域之表。」（同❾）

❻①　「理常皎然若此。」（《注維摩詰經》，頁 384。）

❻②　「理如所談，唯一無二。」（《大般涅槃經集解》，頁 487。）

「常存」（同❻）。簡言之，依竺道生之意，真理只有一、只是一絕對，所以說「理如所談，唯一無二」（同❷）；既然是絕對之一，故此真理之不存在是不可能的，所以說「理不可亡」❹；而這真理絕不是一經驗對象，所以它是超越「數域之表」（同❻），即是不在數量及地域之表現中，換言之，真理是超越經驗範疇之世界；由此便可以說「理本無言」❺、「不可輕說」（同❺）。這些都是竺道生對其「理」之描述。

2.「法」之字義

對「法」字之描述，竺道生有言：

> 法有二種：眾生空、法空。❻

就此脈絡之中，「法」有兩義：事物義、真理義。第一義是「法空」之「法」，此「法」字泛指「事物」（包括具體之存在物如花草等，亦包括抽象之存有物如不相應行法之生滅來去等概念）；第二義是「法有二種」之「法」，其意是指真理。

現進一步引證「法」之第一義——「事物」義。這「事物」泛指具體的或抽象的（如內外法）事物。依竺道生之意❻，「我」與「一切法」代表整個存在世界，因為我是內、一切法是外，內

---

❻　「理不可請，內實常存。」（同上，頁394。）

❻　《妙法蓮花經疏》，頁827。

❻　同上，頁808。

❻　《注維摩詰經》，頁346。

❻　「內者，我也。外者，一切法也。此則相對為二。」（同上，頁376。）

外合起來即表示全部,即包括了整個存在世界。這整個之存在世界,其事物是如幻如化,空無自性的,故此說「諸法如幻」❻、「諸法性空」❻、「觀一切法空如實相」❼。這是佛家「緣起性空」之基本觀念(詳見本章第一節)──世間之事物一定是空、幻;我們絕不會說真理是空、幻。

現進一步引證「法」之第二義──「真理」義。若依竺道生之意❼,能夠體證真理(法)者就是佛,即是「體法為佛」;故此成佛不能離開真理(法),亦即是說「不可離法有佛」。由此可以說佛即是真理(法),真理(法)即是佛,如此便可說「佛是法也」、「法即佛矣」❼。所以真理(法)是佛之師,故此要常常尊重真理(法),即是「法是佛師,常尊法」❼。若能如此傳授真理(法),便是不偏不倚,而是適中,即是說「授法不偏,為中適也」❼。

總上而言,「法」者,真理或道理義。依竺道生之意,「法」(真理)之性質是無形無聲❼,「有」與「無」之經驗範疇不能改變真理(法),故此說「有無諸邊,不能改法」❼。因為真理之特

---

❻　「向以諸法如幻。」(同上,頁352。)

❻　「以諸法性空。」(《妙法蓮花經疏》,頁817。)

❼　同上,頁825。

❼　「以體法為佛,不可離法有佛也……佛是法也。」(《注維摩詰經》,頁398。)

❼　「體法為佛,法即佛矣。」(《大般涅槃經集解》,頁549。)

❼　《妙法蓮花經疏》,頁823。

❼　《大般涅槃經集解》,頁409。

❼　「妙法,夫至像無形,至音無聲,希微絕朕思之境,豈有形言哉?」(《妙法蓮花經疏》,頁809。)

❼　《注維摩詰經》,頁346。

性是圓融的，即「法性照圓」**⑦**，故此不可用「有」「無」之範疇把真理分割。明白真理的人可破除迷惑，故此說「悟夫法者，封惑永盡，翳鬖亦除」**⑧**；換言之，真理（法）之性質是可以破除「封惑」或「翳鬖」的。但真理不是經驗之對象，而是一隱約不明之理，它非思維之經驗對象，故此說真理之妙，妙在「無形」、「無聲」、「希微絕朕思之境」（同**⑦**），故此真理是很難了悟的，所以說「法難悟」**⑨**。

　　總結第 1. 與第 2. 兩項而言，在「真理」之意思上，「法」與「理」是同義詞。二者都是描述一非經驗對象之真理，一切用以描述經驗對象之範疇（如有、無、形、聲等），都不適用於描述此「真理」。故此說這「法」與「理」是微妙的、深奧的、很難明白的。

　　由於在「真理」一義上，「法」與「理」是同義詞，故此可將「法」與「理」結合，成為「法理」一詞**⑩**。「法理」即是「法之理」之縮寫，即是「法這個理」——在此，「法」與「理」是重複語，雖有「法」「理」二字，其實二者為一，同指「真理」一義。所以竺道生說「法者，理實之名也」**⑪**——其實「理」之實實在在之名字就是「法」。故此可說「大乘妙法」就是「堅執之理」**⑫**，即是說「大乘微妙之真理（法）就是一堅定不移之真理（理）」——在此，「法」與「理」亦是重複語、同義詞。換言之，「法理」即

---

⑦　《大般涅槃經集解》，頁 420。

⑧　《注維摩詰經》，頁 343。

⑨　同上，頁 346。

⑩　「法理湛然，有何興何沒?」（《大般涅槃經集解》，頁 439。）

⑪　同上，頁 549。

⑫　「大乘妙法，為堅執之理，理不容間。」（《妙法蓮花經疏》，頁 816。）

是「法」;「法理」即是「理」。故此,描述「法理」之性質時,亦
如描述「法」與「理」之性質一樣,說此「法理」(真理)也是「湛
然」(同❽)——無「生」、「滅」、「興」、「沒」之相對相,亦無間
斷之可能,即「不容間(斷)」(同❷)若有封蔽執著者,便與「法
理」(真理)相違,故此說「封着者,則乖於法理」❸。

3.法理與般若實相

以上各自釐清了「法」與「理」之字義,然後指出「法」之
第二義(真理)與「理」之字義相同,故此可結合成「法理」一
詞(其實就算結合成「理法」一詞亦無不可)。一言以蔽之,「法」、
「理」或「法理」均意指真理。

但是,這只是籠統的字義及詞義之釐清,還未具體地、狹義
地說明這是什麼真理。究竟這真理是就什麼問題上說的?這真理
之具體內容是什麼?又這真理與般若實相有否關係?如有,又有
什麼關係?現在進一步交待這些問題。

⑴理與般若實相

依竺道生之意,所謂「理」,就是指佛家之「空理」——緣起
性空之理。故此說「三界之法(事物),非實理也」❹;換言之,
在「三界」內之諸法只有空理,而無實理。若以為有實理而起造
作,這便與真理(空理)相違,故此說「乖理為作有」❺,因為
起造作而以為有(自性),此則是違理,原因是「皆因緣生也」
(同❺)。一切法皆是緣生、皆是「從無住本立一切法」(詳見本

---

❸　《注維摩詰經》,頁 345。

❹　同上,頁 377。

❺　《大般涅槃經集解》,頁 548。

章第一節 1.)，故此竺道生說「一切法莫不皆然」❽。引申來說❿，
菩提也不是有實在自性之菩提,而眾生也不是有實在自性之眾生,
故此他說「菩提既是無相」,「無相」即是無定性定相,亦即無實
在之自性；而「一切眾生亦是（非有實在之自性）」。明白這「緣
起性空」之理便算是「得理」——悟得空理。

　　由此再進，便可明白「空理」及「因緣理」之詞正式出現❾。
換言之，依竺道生之意,「理」是指「緣起性空」或「因緣」之理,
故此名曰「空理」或「因緣理」 ❾。這空理自身不產生毛病,毛

❽ 「一切法莫不皆然（從無住本立一切法），但為理現於顛倒，故就顛
倒取之為所明矣。以此觀，復得有煩惱?」《注維摩詰經》，頁 386。）

❿ 「菩提既是無相，理極之慧……果是其相（指「菩提相」)? 則非實
……一切眾生亦是（非實），此之得理也。」（同上，頁 362。）

❾ 「空理無病」（同上，頁 377。）
　「若體夫空理」（同上，頁 327。）
　「說不違因緣理」（同上，頁 415。）
　「情不復乖因緣理」（同上，頁 415。）
　「順因緣理」（同上，頁 415。）

❾ 方東美了解竺道生之「理」是「理性」義。方東美曰:「他（竺道生）
說，真正要成就法身……就是拿徹底的理性作一個程序，然後把握
這個理性，才可脫離一切黑暗的世界……所以在《大般涅槃經》裏
面，他說:『佛為理體。』又說:『佛為悟理之本。』所謂佛之精神人
格，是以法身或真如……是最高的理性生活自始至終徹底實現了
……而真正完滿的佛性就是法身，就是至高理性的圓滿具現。」《中
國大乘佛學》第四篇〈道生的佛性論〉，頁 138–139 及頁 156。）
簡言之，方東美是以「理性」解釋「佛為悟理之本」（按:原文是悟
理之「體」，非「本」，見《注維摩詰經》，頁 360);換言之，依方氏
之意，佛是一個了悟理性之存有體，故此說「佛為理體」——佛是
一個理性之存有體。方東美如此解釋竺道生之「理」，只算得上是外

病只在於執著有一實物名之為「空」，故此說「空理無病，病有空耳」❾⓪。故此，若能「體空」——體證空理，便可解脫思維之迷惑，只要能順應，不違反「因緣理」，便可「無復邪見」❾①。

由此，「空理」或「因緣理」便可與般若實相正式交接。所謂「般若實相」是指般若所觀之實相；所謂「般若」者，就是一體證「空理」或「因緣理」之智慧；若能「體空」，便是證不生不滅之實相、涅槃。故此竺道生亦將「理」與「涅槃實相」之關係表明。

依他之意，若以般若智慧觀照，便知理（空理）無「二見」（如內外）之二分，故此他說「二見本以得內外法為懷，智慧觀之，理無內外」❾②；以般若智慧所觀照之理，這「理」自然是就「實相」而言的，故此說「實相言理」❾③。若能得此理——實相之空理，便能得「涅槃」、「解脫」及「斷煩惱」，故此說「若涅槃解脫及斷者，乖理成縛，得理則涅槃解脫及斷（煩惱）也」（同❾③），所以不能違理，若「乖理」（不順從實相之空理），則「成縛」矣，

在地望文生義、自由聯想之解釋，而不是內在地從竺道生之注疏中、在其詞意使用之脈絡下了解竺道生所言之「理」義。其解釋「佛為悟理之本」有誤，根本來說，此語有毛病，因為若依方氏之意，「理」是指「理性」，換言之，「悟理」即是「了悟理性」，但是我們只會說了悟「真理」，而不會說了悟「理性」，了悟本來就是理性之運用，故此何以說「了悟理性」？此語不通。若如其所說，「佛法身或真如是最高理性生活自始至終徹底實現了」，那麼，所有哲學家也都是佛？蘇格拉底是佛!？柏拉圖、亞里斯多德、孔子、莊子、老子也是佛!？此說有誤。

❾⓪　《注維摩詰經》，頁 377。
❾①　「順因緣理，無復邪見。」（同上，頁 415。）
❾②　《注維摩詰經》，頁 377。
❾③　《大般涅槃經集解》，頁 533。

被綑綁而不能得涅槃解脫；所以，反過來說，「既觀理得性，便應縛盡泥洹」❹，即是說既能觀實相之空理，亦即是得諸法之性，那麼便應散盡結縛之煩惱而得泥洹。由於所觀所得之「理」是空理、而非實理，故此所證之泥洹（涅槃）亦「非實涅槃」，所以他說「以理驗知，非實涅槃也」❺。因為此「理」並非經驗對象，故此它「若有若無」、「若見若不見」，說它「有」，因為此抽象之理是有其「存有」(Being)，但抽象之存有是不能用肉眼見的，故此它是「若不見」；說它「無」，因此抽象之理非經驗對象，故此沒有具體之「存在」(Existence)，這抽象之理卻可運用「智慧」見之、了悟，故此它是「若見」；但是由於它並非具體地存在，對眾生來說，它似乎「隱似無」、「無可見」，這便是竺道生所言：「若有若無，若見若不見者，理隱似無，又著無可見也」❻。

總上而言，「理」（空理）絕不能離開「般若智慧」、「實相」、「涅槃」、「解脫」、「斷煩惱」而言之。

⑵法與般若實相

「理」既與般若實相息息相關，故此，「理」之異名「法」，亦復如是。

依竺道生之意❼，「法性」即事物之「本分」，亦即本來之性。「法」（事物）以何為性？法以「緣有」、「假有」為性，而並非以「自性有」為性，這就是法之本分。

---

❹　《注維摩詰經》，頁 345。

❺　《大般涅槃經集解》，頁 394。

❻　同上，頁 532–533。

❼　「法性者，法之本分也。夫緣有者，是假有也。假有者，則非（自）性有也。有既非性，此乃是其本分。」（《注維摩詰經》，頁 346。）

雖然各種事物之呈現（例如形狀、軟硬、乾濕之屬性）有所
不同，但諸法（事物）存在之理法都是一樣，因為存在之理（法）
入於眾多事物之中，此即竺道生曰：「諸法皆異，而法入之」**❾❽**，
但此「入」非物理現象之入，因為經驗現象之「入」是相對於「不
入」或「出」而說的，即是「有入亦可有出」、「有出則可有入」；
可是，「法入之」之「入」是「有入無出」的，此「入」是入而無
入，無入之入，意即「法」（理）就在「諸法」（一切事物）當中，
沒有一「法」（事物）有一刻沒有「法」（存在之法理）在其當中，
無論各事物如何不同，其呈現之現象如何眾多，但其存在之空理
都是一樣的，由存在之法（空理）一統，成就這一切事物（諸法），
故此竺道生說：「法入之，則一統眾矣」（同**❽**）。

所以，「法」（空理）與「法性」（事物之本分）相同，二者雖
是名字不同，但道理卻一樣；各種事物之本分（即「法性」）就是
空理（即「法」），故此說：「然則法與法性，理一而名異，故言同
也」**❾❾**。換言之，諸法之性是性空，而不是「性有」（自性有），
諸法之「有」只是「假有」、「緣有」──由眾因緣所聚合而成「有」
（存在）。

在「緣起性空之法則」之觀念下，便可明白「因緣法」一詞
之正式出現。所謂「法」（理）是就於「因緣」（即依因待緣）之
理而言的，故此竺道生註解「因緣法」一詞之時，他是以「因緣
理」之觀念等同之：經曰「順因緣法」，生曰「說不違因緣理」**❿❿**。

---

❾❽ 「諸法皆異，而法入之，則一統眾矣。統眾以一，所以同法性者也。」
（同上，頁346。）

❾❾ 同上，頁346。

❿❿ 同上，頁415。

若能達因緣之法理，即證不生不滅之實相，故此便可「知息」——無有起造作，此即竺道生所說「即達因緣法，則知息之為樂矣」❶。所謂「因緣法」是指「無我、無人、無眾生、無壽命、空無相、無作、無起」❷，這是建基於「緣起性空」之緣生法下，否定有實在自性之「我」、「人」、「眾生」、「壽命」等（詳見本章第一節1.）；既明「空無相」，即無定性定相，便能「無起」、「無作」，亦即無自我虛構之執取，這便是「知息」；既能無造作、無所執著，故此「知息」便可「為樂矣」。

　　總上而言，「法」之觀念亦可狹義地收於佛家之「緣起性空」之觀念下而言之，故此有「因緣法」之觀念。由此，便可描述此「法」之性質亦與「實相」之性質相同。

　　依竺道生之意，若執著有自性，便與空理遠遠相違，故此說「著有，則乖理遠矣」❸。所以要明白「法」是「無相」❹、「無作」❺，勿起相起意而變成執著於「有」（自性），因為「意作非理故」（同❺），根本來說，「有」、「無」之相對範疇，不能改變法，故此說「法住實際，有無諸邊不能改法」❻，所謂「實際」即是

❶　同上，頁416。
❷　同上，頁415–416。
❸　《大般涅槃經集解》，頁419。
❹　經曰：「法隨無相。」
　　生注：「既順於空，便應隨無相。」
　　（《注維摩詰經》，頁347。）
❺　經曰：「法應無作。」
　　生注：「意作非理故，言無作也。」
　　（同上，頁347。）
❻　「有無諸邊，不能改法。性使變，則無際矣。無際之際，謂之實際。

「實相」，因為「無際之際，謂之實際」(同⑩)，即是不能用經驗上之邊際地域之概念來描述「實際」，它是「實在是如此」(即 As Such)之意，所以是如其所如、實實在在就是如此，此即是「實相」。

綜合而言之，「法」乃是寂滅的、「順空」的、「無相」的、「無作」的，這與真如實相相同。故此，「體法為佛」、「不可離法有佛」⑩──能夠體證「法」(寂滅之真理)，便即體證實相，便可得涅槃法身。

一言以蔽之，「法」之觀念與「理」之觀念一樣，同是收於佛家「緣起性空、般若實相」而言的。由此，再進一步，便可明白竺道生曰：

> 深經者，謂佛說實相法。⑩
> 實相理，均豈有深淺哉？(同上)

在此，「實相法」與「實相理」之詞正式出現。換言之，依竺道生之意，「實相理」即「實相之理」或「實相此理」──「實相」就是「理」。故此，既然是「實相」、既然是「理」，那又「豈有深淺哉」？因為「實相」、「理」是寂滅相，無有深淺相對之經驗範疇。

如此類推，因為「理」與「法」二者是同義詞，故此，既可有「實相理」之觀念，則亦可有「實相法」之觀念。換言之，「實相法」即是「實相之法」或「實相此法」──「實相」就是「法」。

其不動者，是住此也。」(同上，頁 347。)

⑩ 同上，頁 398。

⑩ 同上，頁 415。

4.小 結

　　根據以上對「法」與「理」之引證，現可正面表明「般若實相」與「法理」之關係。般若實相就是法、就是理，就是法理。「法理」是廣義，泛指真理；「般若實相」是狹義，是「法理」之具體內容。般若所觀之實相當然是法理（真理）；佛家之法理（真理）當然是指般若所觀之實相。故此，「般若實相觀」與「法理觀」只是名字不同，而意思相同；引申而言，竺道生不是有一套「般若實相觀」之後而另有一套「法理觀」。「法理觀」不能離開「般若實相觀」，「般若實相觀」就是「法理觀」。此二觀是二者為一。

第三章　竺道生之佛性論

　　現正式重建竺道生之「佛性論」。這部是本書之正文。在此部分三方面討論：㈠成佛之形態，㈡成佛之根據，㈢成佛之步驟。這三方面之討論由第一章之分析架構開出（詳見第一章第三節 2. 及 3.）；而在內容上，則是建基於第二章之「理論基礎」——般若實相觀。

　　在「成佛之形態」之觀念下，這是處理竺道生之「佛身觀」，此是本章第一節所探討的問題。首先處理「成佛是依何形態成佛：佛之法身是有色的，還是無色的」（這是 1.「法身無色」的問題）。之後，在「成佛依何形態方是究竟」之觀念下，則處理「佛如何感應有緣之眾生」（這是 2.「應有緣論」的問題）；然後再處理「佛是否住實於淨土」之問題（這是 3.「佛無淨土」的問題）。最後交待在果地中之佛身之性質，顯明佛已超出生死輪迴之受報世界（這是 4.「善不受報」的問題）。

　　然後，在第二節處理「成佛之根據」問題，此即竺道生之「佛因觀」。首先探討「眾生之成佛有何客觀之根據」（這是 1.「佛性當有」的問題）。除了客觀之根據外，若探討「成佛還需要有何主觀之條件」，此即進至「眾生需要智慧悟理，才可成佛」之問題（這是 2.「悟理成佛」之問題）；最後還要探討「具體之實踐修行而成

佛」之問題（這是 3.「應有緣論」之問題）。

探討完「佛身觀」與「佛因觀」之後，便將以上因果兩地接上，此即第三節之「方法論」。在此，先涉及因地中修行之前提問題：是否「善有善報」（這是 1.「善不受報」的問題）。然後才可討論「成佛之方式是頓悟而成，還是漸悟而至」的問題（這是 2.「頓悟成佛」的問題）。

在這一章探討完竺道生之「佛性論」之後，便可在第四章評價其歷史及哲學等地位。

一、成佛之形態——佛身觀

眾生修行實踐，在果地之中得一佛身而成佛。若問及成佛是依何形態成佛，即成佛之體態如何？這便要以「法身」之觀念交待。若再追問成佛之依據是有「色」的，還是「無色」的（「色」是指經驗內容）？這是 1. 所處理的問題——為何竺道生說「法身無色」？

然後，在 2.「應有緣論」中指出，成佛並非一空空洞洞的理體，佛為了相應眾生之機緣，通過色身之示現來教化眾生，這流露佛之慈悲本懷。

故此，在「成佛依何形態方是究竟」之觀念下，除了提出佛會「（相）應有緣」之外，佛亦不住實於其淨土之中，故此便要說「佛無淨土」的原意。這是 3. 處理的問題。

總體來說，若扣緊「成佛之究竟形態」而言，則可推出「法身無色」、「應有緣論」、「佛無淨土」及「善不受報」之觀點。

另一方面，若將「佛身觀」與「般若實相觀」之理論基礎扣

上，亦必然推出「佛無淨土」、「法身無色」及「善不受報」之觀念。因為般若之妙用妙於遍蕩一切相、遍遣一切執。換言之，般若活智把「有實在自性之法身之執」掃蕩；把「有實在自性之果報之執」排遣；把「有實在自性之淨土之執」淘汰。從遮詮「佛住實於淨土」、「佛法身實只是色身」、「行善實得福報」，便能把眾生之執著消融，以顯涅槃實相——實相乃寂滅相，寂滅相即是無相，故此是「佛無淨土」、「善不受報」及「法身無色」。

1.法身無色

「法身」者，即是以法為身。「法」者，真理義（詳見第二章第二節 2.）；「身」者，依據義❶。換言之，「法身」者，即是以真理為依據之身。

「佛」是眾生修行之果。眾生依何形態成佛？成佛之依據如何？依竺道生之意，以體證「法」為佛——眾生自身體證真理、與真理結合，這便是成佛之形態、成佛之依據，故此說「體（證）法為佛」❷，若以邏輯符號表達，此即 B → D（B 代表「為佛」，D 代表「體法」），由此反過來分析地說，便可推出「不可離法有佛也」——即是「離法便沒有佛」，此即 ~D → ~B。換言之，「體法」（體證真理）乃「成佛」之必要條件：若無「體法」，則必不可「成佛」。由此進一步可推論出「一切諸佛，莫不皆然」❸——無一位佛不是「以法為佛性也」（同上）。

---

❶　「身者，此義之體」。（《注維摩詰經》，頁 343。）換言之，所謂「身」，是指義理之依據。故此，「身」就是依據之意。

❷　同上，頁 398。

❸　《大般涅槃經集解》，頁 549。

「法」之異名是「理」（詳見第二章第二節 1. 及 2.），故此，既可說「體法為佛」，則亦可說「佛為悟理之體」❹，二者均是同義。由於有「理」，便可得解脫；若依從真理，便可得佛果，故此說「以理由解得，從理故成佛果」❺。反過來說，違反道理者，便不能成佛，只能是凡夫，故此說「背道(理)非實，名為凡夫」❻。

由於「體法」才能「成佛」，「成佛」必要「體法」；換言之，凡是成佛者，必然已體證真理，以真理作為成佛之依據，故此，真理便可由成佛者身上具體地顯露出來，所以「佛為悟理之體」，亦可說佛就是「理體」（真理之依據、依止處）；所以，看見了佛亦即看見了「理」。如此，就「真理」一義而言，便可說「法即佛矣」❼，「佛亦法矣」❽；換言之，法就是佛、佛就是法，「法」與「佛」可等同 (Identical) 起來。

既然法與佛相同，用以描述法之性質之詞，均可用於描述佛之性質。所謂「法」（真理），當然是指佛家緣起性空之法理，亦即空理（詳見第二章第二節 3.）。這空理並非經驗對象，故此，其性質是「深奧」、「幽淵」、「無形」、「無聲」、「皎然」、「湛然」、「無興」、「無沒」、「不容間 (斷)」、「不可亡」、「唯一」（詳見第二章第二節 1. 及 2. 之引證）。

⑴破「三世佛」

一言以蔽之，「理」是絕對之真理，一切用以描述經驗屬性

---

❹　《注維摩詰經》，頁 398。

❺　《大般涅槃經集解》，頁 547。

❻　同上，頁 545。

❼　「體法為佛，法即佛矣。」（同上，頁 549。）

❽　「若不離法有佛，是法也。然則佛亦法矣。」（《注維摩詰經》，頁 398。）

(Attributes) 之字詞，如「形」、「聲」、「興」、「沒」、「間斷」、「亡」等，均不能用來描述此「理」。既然佛就是理，引申來說，以法為身的佛也是如此：一切用以描述經驗屬性之字詞均不能用來描述佛之法身，皆因佛以法（真理）為成佛之依據：「佛即法」、佛就是理。

　　但凡具體之經驗事物，必落入「三世」之中——即是落入現在、過去或未來之時間範疇之內；但是，佛是理體，這表示佛不在時間範疇之內，故此在現在、過去、未來均找不到佛。竺道生亦同意「不見三世有佛也」❾，故此他便破「三世佛」之觀念：

　　㈠破「佛在過去」之說法，他說：「過去若有，便應更來；然其不來，明知佛不在過去矣。」（同上）

　　㈡破「佛在現在」之說法，他說：「現在若有，便應有住；然其不住，明知佛不在現在矣。」（同上）

　　㈢破「佛在未來」之說法，他說：「未來若有，便應即去，然其不去，明知佛不在未來矣。」（同上）

　　以上，竺道生是以「來」、「住」、「去」三個經驗範疇來破佛在「過去」、「現在」、「未來」之說。若落入時間範疇中之經驗事物，其存在之時間次序必定是先存在於「過去」，再存在於「現在」，然後存在於「未來」。（在此，所謂「過去」、「現在」及「未來」只不過是一相對之劃分：這一刻之存在是屬於「現在」，但剛說完此話之後，「這一刻」之時間已消逝，亦即馬上變成了「過去」之存在；而剛才相對於「現在這一刻」之「未來那一刻」，亦馬上降臨，變成了相對的、新的「現在這一刻」。）

　　竺道生運用時間及經驗之範疇，首先破「佛在過去」之觀念。

----

❾　同上，頁 410。

在此，他最基礎之前提是：若佛存在於這經驗世界，則佛亦必定服從時間之規律，亦即依從時間之流動方向，即是由「過去」走往「現在」，由「現在」走往「未來」。故此，分析地說，他的假設是：若果佛在「過去」存在，進一步來說，佛應來到「現在」；故此他說「過去若有，便應更來」。但是，站在「現在」之時間範疇上，即在現世之觀察上，佛並「不來」到「現在」，即否定了「便應更來」；既否定了後項，便可否定前項，亦即「佛在過去」之說被否定，故此可推出「佛不在過去矣」。這是站在「現在」之時間範疇，再以「來」之經驗範疇來否定「佛在過去」之說。

其次，竺道生又站在「現在」之時間範疇、配以「住」之經驗範疇來否定「佛在現在」之說。他的假設是：若果佛在「現在」存在，則佛應停留於「現在」；故此他說「現在若有，便應有住」。但是，在「過去」之時間範疇中，即在歷史之事實上，佛只具體地存在於西元前，故此，佛只是住於「過去」，卻沒有「住」（停留）於「現在」，故此佛是「不住」於「現在」，即否定了「便應有住」；既否定了後項，便可否定前項，亦即「佛在現在」之說被否定，故此可推出「佛不在現在矣」。

最後，竺道生再站在「現在」之時間範疇，運用「去」之經驗範疇來否定「佛在未來」之說。他的假設是：若果佛在「未來」，則佛應該馬上離開「現在」、「去」到「未來」；故此他說「未來若有，便應即去」。換言之，這個假設是預設了 (Presuppose)「佛在現在」之論證之成立，亦即是先接受了「佛在現在」，然後才有資格說「佛離開現在」、「去到未來」；故此，假若「佛在現在」之論證不能成立（即「佛不在現在」），則不能說「佛離開現在」、「去到未來」。在上一段，竺道生已破了「佛在現在」之說，故此在此

不能說「佛離開現在」、「去到未來」，所以不能說「便應即去」，
而要說「不去」；既然否定了後項，便可否定前項，亦即「佛在未
來」之說被否定，故此可推出「佛不在未來矣」。

　　總上而言，竺道生使用了「來」、「住」、「去」之經驗範疇，
配合著「過去」、「現在」、「未來」之時間範疇來破「佛在過去」、
「佛在現在」、「佛在未來」之說。若經過嚴格之分析後，我們可
發覺竺道生之論辯其實採取了一定程度上之詭辯技巧。在破「佛
在現在」之論證中，竺道生以佛「不住」於「現在」之證據來支
持其「佛不在現在」之說，但他此論證之成立，卻不能否證在歷
史上真有釋迦佛之存在，即是他不能否證「佛在過去」之說。但
是，當要真正面對「佛在過去」之論證時，他便把問題轉移，卻
以時間之「流動方向」來支持其「佛不在過去」之說，依他之意，
佛存在於「過去」之時間範疇後，便應順理成章來到「現在」之
時間範疇，但是在「現在」根本找不到釋迦佛之存在，故此他否
定後項之後便否定前項，來證成 (Justify) 其「佛不在過去」之論
證 (如此類推地證成其「佛不在三世」之論證)。但是，客觀來說，
站在經驗上之分析，一具體事物之存在，固然要落入時間範疇之
中，可是，一事物存在於「過去」之中，並不必然順理成章存在
於「現在」。因所有經驗事物之存在只是偶然性的 (Contigent)，而
非必然的；換言之，具體事物之不存在是可能的，或說具體事物
是有可能不存在的。故此，一具體之事物不存在於「現在」者，
我們不能以「時間流動之方向來」推論出此物「不存在於過去」。

　　不過，若不從經驗內容來看竺道生「破三世佛」之論證，而
從邏輯之形式推理來說，則竺道生之論證均是一分析地真之推理。
因為竺道生破「佛在過去、現在、未來」之觀點是運用以下的論

證形式:

假設: 如 p 則 q

前提: 非 q

結論: 非 p

例如破「佛在現在」之觀點，竺道生之論證是:

假設: 如果佛在現在，則佛應停留於現在 (即「現在若有，便應有住」)。

前提: 佛不停留於現在 (即「然其不住」)。

結論: 佛不在現在 (即「明知佛不在現在矣」)。

若用現代語言來說，竺道生是運用邏輯法則之「p → q ≡ ～q → ～p」來破「佛在現在」之說。其餘破「佛在過去」及「佛在未來」之說，亦復如是。

嚴格來說，此些推理固然是恆真的 (Tautological)，但也可說這些並非真正證成其論證 (Argument)，這些只是破「三世佛」之論證形式，其證成主要建基於「佛是理」之基礎觀念——皆因佛之依據是「理」，故此，佛亦如「理」一般無形無色，不在時間範疇之內；若以為用肉眼看見了佛才算得上是見佛，這是不合理的，故此竺道生曰:「若以見佛為見者，此理本無。佛又不見也，不見有佛，乃為見佛耳⋯⋯故推不見三世有佛也」❿。若明白佛是個「理體」而非經驗上之肉身，這才算見佛，此乃不見之見，見而無見。若把佛定實而只視之為「人佛」(肉身之佛)，亦是不對，因為，在三世之中，均不能找到佛。

⑵破「人佛」

基於相同的前提:「佛是理體」，由此再進，便可推論出「法

❿ 同上，頁 410。

身無色」——即是在經驗物質之中找不到佛，成佛之依據不在於色，故此便要破「色」與「佛」之關係。

為了破「色」與「佛」之關係，竺道生便要分析「色」與「佛」之結合問題。「色」與「佛」結合後，便即是「人佛」，故此說「人佛者，五陰合成耳」❶；「五陰」是色、受、想、行、觸，狹義來說，「色」是指人之肉身，「受」、「想」、「行」、「觸」是此肉身之精神、心理及認知活動，換言之，「五陰」即是指肉身之軀體及其感受活動之能力。

若果「人佛」之存在能夠成立的話，則只有兩大可能性(同❶)：

(1)色即是佛

(2)色不即是佛

假若「色不即是佛」，那麼「便應色外有佛」(同❶)；除了 (2.1)「色外有佛」(或「佛外有色」)之外，又可分為三種情況 (同❶)：

(2.2) 佛在色中 (色中有佛)

(2.3) 色在佛中 (佛中有色)

(2.4) 色屬佛

現借助圖表把竺道生之分析弄清楚。若有「人佛」，則只有以下幾種情況：

(1)色即是佛 (色等如佛——色與佛是一)

色 = 佛

---

❶　同上，頁 410。

off
off

⑵色不即佛（色不等如佛——色與佛是異）

(2.1) 色外有佛（佛外有色）

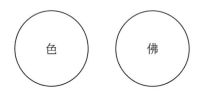

(2.2) 色中有佛（佛在色中）

(2.3) 佛中有色（色在佛中）

(2.4) 色屬佛

依竺道生之意，這幾種情況均不能成立：

(1)色即是佛

　　若如來等如色或五陰，則佛「不應待四（緣）」❷——
即是眾生不需依因待緣修行成佛了，因為凡是色（經驗
物質）都是佛；既然一切經驗事物本來就是佛，那就不
能說眾生是因為修行而成佛。但是，這與事實不符。

(2.1) 色外有佛

　　若如來不等如色，則佛「不應待色」（同❷）。但是，
如來不能不借助「色」來呈現佛身。若不能呈現，佛只
成為一空空洞洞的理體，眾生不能知道有佛、受佛之
教化。

(2.2) 色中有佛

　　若佛完全在色中，則「佛無常矣」（同❷）——此表
示佛亦像色一樣，同是無常。但是，佛不是無常的。

(2.3) 佛中有色

　　若在佛身中有一些色，則「佛有分矣」（同❷）——
佛便變成兩部分之存在：一部分是永恆不變的佛身，另
一則是無常的色身。這也是不可能的，因佛不是無常的。

(2.4) 色屬佛

　　若色是屬於佛的一部分，則「色不可變」（同❷）——
色變成不壞不變之「常」色。這亦是不可能，因為色乃
無本，故此竺道生說「無本為色」（同❷），無本即無住、
無常，色者皆需依因待緣，方得成立。

以上共五種情況：(1)色即是佛，(2)色不即是佛；(2.1) 色外有

---

❷　同上，頁410。

佛，(2.2) 色中有佛，(2.3) 佛中有色，(2.4) 色屬佛。這五種情況亦是「色」與「佛」兩者在邏輯上之所有可能。因為，若涉及兩個因素之關係時，一是二者完全無關；一是二者有關。若二者有關，此二者一是交集的關係 (Intersect Relation)，一是子集的關係 (Subset Relation)，一是等同的關係 (Identical Relation)。若「色」與「佛」二者完全無關，此即 (2.1)「色外有佛」或「佛外有色」之情況；若「色」與「佛」是交集的關係，此即 (2.4)「色屬佛」或「佛屬色」之情況；若二者是子集的關係，則有二種情況：首先，「色」是「佛」之子集，此即 (2.3)「佛中有色」或「色在佛中」之情況；其次，「佛」是「色」之子集，此即 (2.2)「色中有佛」或「佛在色中」之情況；若二者是等同的關係，則「色」是「佛」之子集同時「佛」亦是「色」之子集，此即「色」與「佛」是相同的 (Identical) 集，此即(1)「色即是佛」或「佛即是色」之情況。

通過「集」(Set) 之概念分析「色」與「佛」之關係，便能顯明二者之所有邏輯關係。若能破斥以上五種關係，亦即表示「色」與「佛」二者在任何關係上均不能成立。一言以蔽之，以上五種情況窮盡了「人佛」之一切可能性，但這些可能性全部都不能成立，已被竺道生一一辯破了；換言之，「人佛」之概念在邏輯上根本不能成立。

既然「人佛」之觀念被辯破，此即表示「人佛」並非作為成佛之依據，亦表示不能欲見、欲求「人佛」，所以竺道生曰「既無所見，乃為見實」❸；若真真正正見真實者，必然是「無所見」，無所見「人佛」才是「見實」；所以「既無所見，乃為見實」(同❸)。因為「見色」應當用肉眼來見之，但是「知法」明理時則應用意

---
❸　同上，頁410。

會，故此說「見色則應在眼，知法則應在意」❶。因為佛是個「理體」，而非經驗對象，故此「無所見」。若能意會「無所見」之「理」，這才是「見實」。

(3)「破人佛」與「般若之蕩相遣執」

以上所破之「人佛」，主要是針對一「有自性之色身佛」而予以掃蕩，把眾生執著「實人佛」之觀念化遣，故此「五求人佛」均不能成立。但是，破斥「人佛」（或「實人佛」）之觀念，並非表示破「佛」之觀念。故此竺道生說「向雖推無人相佛，正可表無實人佛耳」❶，「向云不見佛者，或是己不能見，非無佛也」（同上）。換言之，竺道生要破除之「人佛」其實是指著「實人佛」而言——即是針對一有實實在在自性之人佛，而並非破斥「有佛」之觀念。

若清楚地說明，竺道生所破之「人佛」，乃是運用般若蕩相遣執之妙用破斥「執著有實在自性之人佛」，故此以雙遣的格式掃蕩「人佛」之觀念：既不能說「佛與色是一」，亦不能說「佛與色是異」。若「佛與色是一」，則變成「不應待四（緣）」——不需依待四緣（修行）便能成佛，那麼世上一切法亦已是佛，這是不對的；若「佛與色是異」，則要交待兩種異體的東西如何可能結合為一，一是變成「佛無常矣」、「佛有分矣」，一是變成「色不可變矣」，但這兩種情況亦不對。從這兩難式便可雙遣「色即是佛」及「色不即是佛」，故此將「人佛」所有成立之可能性都破除。

總上而言之，竺道生之破「人佛」之觀念，乃是以雙遣之格式進行淘汰，其理論基礎乃建基於般若實相觀，從而掃蕩一切自

❶　《妙法蓮花經疏》，頁 829。
❶　《注維摩詰經》，頁 410。

性執，這是全賴「緣起性空」之法理作為根據❶。

由此便可明白竺道生說「若有人佛者，便應從四大起而有也」❷；「四大」是指地、水、火、風，它們相應地代表堅、濕、暖、動四種經驗屬性，若佛是「人佛」——肉身之佛，則用以描述經驗物質的屬性（「四大」）均可用於描述「人佛」之性質。換言之，若佛只是個「人佛」，則必定落入經驗範疇，亦必服從緣起性空之理，此即「四大無主，身亦無我」❸，故此，「若有人佛者，便應從四大起而有也」；若真有「人佛」，這「人佛」亦必服從經驗物質之法則，而變得「無主」、「無我」——不能自我主宰，卻落入有生有滅之經驗法則之中，而變成「生死人也」，所以說「夫從四大起而有（人佛）者，是生死人也。佛不然矣」❹。故此，竺道生說明佛之所以為佛，其依據不在於「丈六」之肉身，經驗之色（丈六）「非所以佛」❺。

若肉身不能作為成佛之依據，因「身心本是四大合之所成」❻；那麼亦要交待佛以何為依據，如此，亦明白為何竺道生正式說「理為法身」❼，換言之，成佛之依據（即「法身」）是「理」；既然是「理」，則此「法身」的性質並非經驗對象，故此不受形軀之局

---

❶ 參閱牟宗三著《佛性與般若》，上冊，以般若緣起性空之法破「如來為自體物」（頁106–109）。

❷ 《注維摩詰經》，頁410。

❸ 「今推身為理，唯以四大合成，無復別法，四大無主，身亦無我。」（同上，頁376。）

❹ 同上，頁410。

❺ 《妙法蓮花經疏》，頁816。

❻ 《注維摩詰經》，頁374。

❼ 《妙法蓮花經疏》，頁815。

限，便可說法身「不盡」❷；由於「法身」是無盡無窮，亦即無限，所以是「無相」❷——無有形相；一切經驗內容、有垢之物質性已去除，故此說「三垢已離，故不在三界也」❷。

⑷般若實相與涅槃法身

　　以上通過般若之蕩相遣執之妙用與緣起性空之理論基礎展示竺道生如何破「三世佛」及「人佛」之觀念。既然「三世佛」及「人佛」之觀念不能成立，此則表示「法身無色」之觀念成立。現進一步將般若實相與涅槃法身之關係表明，可更清楚地顯示竺道生對「法身無色」之推論。

　　「般若」是主體之智慧，在般若智之觀點下，可獲法之「實相」——實相一相，所謂無相，亦即寂滅相。換言之，透過主體之智慧，便可觀照一切法之實際相。這是把般若之智用於外法之觀照上；若將這觀照收向自身之上，即是不向外觀，而是向內觀，因為眾生亦是法（事物）之一種，這樣亦可得一觀照之境界——一寂滅之境界。眾生成佛之法身便是以這寂滅的境界為身(依據)。所謂「涅槃」，其實只是一寂滅的境界；眾生成佛，便是以寂滅之涅槃境界作為成佛之依據而成就其法身。

　　「涅槃」是一觀照之境界，「法身」則是自身成佛之形態。從分解的角度而言，「涅槃」是所觀之境、「法身」是觀境者自身。但是此二者不能分割：觀境者就是以所觀之境作為成佛之依據；換言之，眾生就是以涅槃作為法身，在此，「觀」與「所觀」之主客對立已是消融，不一不二。換言之，法身就是涅槃，涅槃就是

---

❷　「名曰不盡，而指法身。」(《大般涅槃經集解》，頁464。)

❷　「佛無相，理中無之也。」(《注維摩詰經》，頁412。)

❷　同上，頁410。

法身；離開涅槃，則沒有法身，離開法身，則沒有涅槃。

　　所謂「涅槃」或「法身」，與「實相」、「如」、「實際」、「法性」、「法」、「理」，其實是同義詞。其所同之義是就「寂滅」一義而言。通過「寂滅」一滅，便可貫通以上各字、詞。「寂滅」之「滅」與「緣生法之生滅」之「滅」不同，「生滅」之「滅」是相對於「生」來說的，這是就緣生法之基層（第一序）而言的；但「寂滅」之「滅」則不是一相對的概念，它是實相層（第二序）之如實觀照之狀況，故此竺道生說「今言滅是法性，蓋無所滅耳」㉖——法性之滅是「寂滅」之「滅」，故此法性無生無滅；「無所滅」之「滅」則是指「生滅」之「滅」，這是一相對之「滅」。一言以蔽之，「寂滅」之「滅」是一絕對之「滅」，以上「涅槃」、「法身」、「實相」等各字詞，其所相同之義便是此「絕對之滅」義。

　　由於「實相」、「如」、「實際」、「法性」、「法」、「理」等與「涅槃法身」之關係是同義的，故此，我先把它們在「寂滅」義之關係表明後，便可更了解竺道生所言「法身無色」之觀念。

①「法性」與「泥洹」（涅槃）

　　何謂「法性」？諸法以何為性？依竺道生之意，諸法皆以「空」為性，空性就是法性。因為法之性是「緣有」、「假有」㉗，而非真有、實有——即非自性有，亦即空無自性。空無自性就是法性，故此可說「法空」。所謂「法空」，其性質是「寂然」的，所謂「寂然」，是指「寂靜無事」而言，即沒有生滅相對之事，故此說「法空也，寂然者，寂靜無事之義也」（同㉗）。竺道生是用此來解釋

㉖　《大般涅槃經集解》，頁419。

㉗　「法性者，法之本分也。夫緣有者，是假有也。假有者，則非性有也。有既非性，此乃是其本分。」（《注維摩詰經》，頁346。）

《維摩詰經》所言之「法常寂然」。總結來說，法性是「寂靜」的，亦即寂滅的；故此又可明白竺道生曰「向云滅是法性」❷❽，「寂滅」就是法性。

「法性」與「泥洹」（涅槃）有何關係？依竺道生之意，若能證得「法性」，亦可說證得「泥洹」。因為「滅是法性」，而泥洹之真正名稱就是「滅」，故此說「般泥洹者，正名云滅」❷❾。所謂涅槃，只是一寂滅之境界而已；若要證得涅槃，便要把「五陰」壞去，把「諸相」滅掉，而以「寂滅為體（依據）」，所以說「泥洹即是五陰壞」❸⓿，「若不能滅諸相者，豈得以寂滅為體哉」❸❶。諸法本來就是本性空寂，若能覺悟諸法之空寂而顯了這空寂，這便是泥洹之「寂滅相」，無再有五陰之生滅，故此「泥洹即是五陰壞」。若不能寂滅五陰之形相，則不能以寂滅為依據而得泥洹。故此，從「寂滅相」而言，泥洹只是個不生不滅的境界，卻不是脫離眾生世界而獨立存在的一處地方。

②「法性」、「法」與「理」

「法」與「法性」，「理一而名異，故言同也」❸❷，換言之，二者均是指緣起性空之法理（詳見第二章第二節 3. (2)），此就是「空理」。由於「法」與「理」是同義詞（見第二章第二節 2.），故此「佛為悟理之體」❸❸即是「體法為佛」❸❹之意，皆因「法」

❷❽　《大般涅槃經集解》，頁 419。
❷❾　同上，頁 377。
❸⓿　《注維摩詰經》，頁 348。
❸❶　同上，頁 362。
❸❷　同上，頁 346。
❸❸　同上，頁 360。
❸❹　《大般涅槃經集解》，頁 549。

就是「理」、「理」就是「法」，故此合起來有「法理」一詞。所以
「理」（或「法理」）之性質與「法」之性質相同，亦是無「興」、
無「沒」，故此可說「法理湛然，有何興何沒?」❸，此即無生無
滅之意，這與「涅槃」之寂滅之性質相同。由此竺道生便可推論
出「觀（空）理得（法）性，便應（結）縛盡（而得）泥洹」❸；
簡言之，「觀理」便應得「泥洹」。這表示體證「理」就等如體證
「涅槃」，故可寂滅煩惱及得解脫，所以竺道生說「得理則涅槃解
脫及斷也」❸。

③「理」、「如」與「實相」

依竺道生之意，「如」者，當於「理」而言之，故此說「如者，
當理之言」❸，因為「如」者，即是如其所是，「無所不如」❸，
順理「順相」❸，不增不減，如「理」一樣，是為實相。在此，
「如」者所順之相當然是「實相」。

所謂「實相」，亦是就於「理」而言之，離開「實相」，不能
言「理」（空理），此即「實相言理」❹。因為「實相」就是「理」，
故此有「實相理」一詞❹，「實相理」即是「實相之理」——「實
相」與「理」是同義詞、重複詞。「實相理」亦是寂滅的，故此沒
有「深淺」之相對相。

---

❸　同上，頁 439。

❸　《注維摩詰經》，頁 345。

❸　《大般涅槃經集解》，頁 533。

❸　《妙法蓮花經疏》，頁 801。

❸　《注維摩詰經》，頁 346。

❹　「言理相順，謂之如也。」（《妙法蓮花經疏》，頁 801。）

❹　《大般涅槃經集解》，頁 533。

❹　「實相理均豈有深淺哉?」（《注維摩詰經》，頁 415。）

　　由於「理」與「法」是同義詞，故此，既可有「實相理」，則亦可有「實相法」一詞❸，換言之，如上之推理，「實相」就是「法」。這也是就「寂滅」一義而言的。

④「法」與「實際」

　　依竺道生之意，「有」與「無」之經驗範疇，不能改變「法」，故此說「有無諸邊，不能改法」❹，因為法是「寂滅」的。只有「法性」（法之本分）才能改變之，故此說「法性使變」（同上）。但「法性」卻是「無際」──無實際、無實體。不過，「無際之際」❺方是「實際」。因為「法性」本身亦是「寂滅」，故此竺道生說「向云滅是法性」❻，以「寂滅」之法性為際──無實際之際；但這寂滅之無際方是「實際」。一言以蔽之，「法」、「法性」、「實際」均是就「寂滅」義而言的，故此「無為」（寂靜無事）才能「入正位」，故此說「無為入正位」❼；因為「無為」表示再無生滅來去等之活動，如此方能入「正位」──不偏不倚之法位。

⑤小　結

　　總結來說，以上①～④，翻來覆去，輾轉引證，皆為要說明「實相」、「法」、「法性」、「法理」、「理」、「泥洹」、「實際」及「如」全是同義詞，其所同之義乃在於「寂滅」一義。

　　由此可推論出般若實相與涅槃法身不異，般若實相就是涅槃法身，涅槃法身就是般若實相；離開般若實相則沒有涅槃法身，

---

❸　「深經者，謂佛說實相法。」（同上）

❹　同上，頁 347。

❺　「無際之際，謂之實際。」（同上）

❻　同上，頁 410。

❼　同上，頁 392。

離開涅槃法身亦不能有般若實相。這是竺道生把般若學與涅槃學結合起來，從而構成他的「佛性論」之理論根據。

故此，「法身」既是以「法」為身，引申而言，亦可說「法身」以「法性、法理、理、如、實相、實際或泥洹」為身。而「法性……泥洹」乃是一寂滅境界，不在生滅之經驗範疇內，故此便可明白為何竺道生推得「法身無色」之論。一言以蔽之，因為他要說明成佛之依據標準並非在於色，而是在於法（或「理」、「法理」、「如」、「實相」、「實際」、「泥洹」），故此運用般若之化執之精神，以雙遣之格式破除「人佛」之觀念。

2.應有緣論(一)

上一篇乃建基於般若融通淘汰之妙用，把「實人佛」（有自性之肉身佛）掃蕩，故此而推出「法身無色」之觀點，這是從成佛之「依據」標準而言，強調成佛之依據在於以法為身，並非以色為佛身之依據。

但是，這只顯示了般若蕩相遣執之消解作用；而般若之活用，亦可積極地具足一切法（詳見第二章第一節 5.）——不捨不著一切法。故此，將這積極之妙用運用於「成佛之形態」，則成佛亦可不著「色身」而有「色身」；既有「色身」，便是不捨「色身」。此即不著不捨「色身」而成佛。

在這方面，竺道生亦有此觀點。他所破之「人相佛」，其實是針對「實人佛」而言，故此說「向雖推無人相佛，正可表無實人佛耳」 **48**；換言之，他並非破「有佛」之說，亦並非說沒有「色身佛」，故此說「向云不見佛，或是不能見，非無佛也」（同上）。

---

48 《注維摩詰經》，頁 410。

他接受「有色身佛」之觀點，只不過強調此「色身佛」是為了「應現」眾生而有，故此「色身佛」並非有特定之形相或實自性，所以說「色身佛者，皆應現而有，無定實形」❹。

換言之，竺道生所言之「色身佛」是扣緊「應現眾生」之觀念而言，目的是為了「通達佛道」。故此強調「色身佛」非實，亦即是說「色身是外應之有」❺，而「普現色身，以通達佛道為迹也」❺，此即顯示「色身」並非成佛之依據，故此亦說「就人身作佛，迹不及實」❺。一言以蔽之，「色身佛」只是個方便教化眾生之「應現」體。成佛之依據乃在於「以法為身」之「法身」，而並非依據於「色身」；佛雖有「色身」，但此非成佛之依據，成佛之依據在於寂滅之法、理、涅槃等（詳見本章第一節 1.(4)）。

總上而言，成佛是不捨不著「色身」而成佛——一方面不著實「色身」，因為不以色身為成佛之依據；同時亦不捨離「色身」，因為有一應現眾生之化身。故此，分析地說，「無色」是針對佛之「法身」而言；「有色」是針對佛之應現眾生之身（即化身）而言。引申來說「法身無色」與「佛身有色」二者並非一對矛盾的概念。

(1)佛與眾生之交接

若成佛之形態不是以不著不捨色身之方式而成佛，則會產生以下的情況：

㈠若只著實於「色身」而成佛，即是只以「色身」為成佛之依據，此則變成「實人佛」之觀念。但是，「實人佛」之觀念已被

---

❹ 《妙法蓮花經疏》，頁 826。

❺ 《大般涅槃經集解》，頁 405。

❺ 《注維摩詰經》，頁 393。

❺ 《妙法蓮花經疏》，頁 815。

竺道生破斥（詳見本章第一節 1.(2)）。

　　㈡若是捨離「色身」而成佛，此即表示成佛後，佛只是一個空空洞洞、全無經驗內容、亦即沒有肉身之「理體」。這便產生「成佛後如來能否與眾生交接」之問題。

　　從「依何形態成佛方是究竟（圓滿）」之觀點出發，便要正面面對第二種情況。因為佛身「究竟」與否，是相對於佛之「能力」與「慈悲」而言。

　　若佛之本懷足夠慈悲，則必然救度眾生。若成佛後只變成一抽象之理體，佛則不能示現眾生、相應眾生之機緣而教化之。這表示成佛後自身無能為力，因為沒有「色身」，故此不能與眾生交接，亦即是佛之領域與眾生之領域截然二分。如此則表示成佛之能力不究竟、不圓滿；雖有慈悲之本懷，卻無能力救度眾生。這種成佛之形態，當然是不究竟。

　　若說佛並非沒有能力，只是佛見眾生種種貪、瞋、癡之惡行而厭惡之，故此不理眾生而不現色身，並非能力不足，只是佛不願示現而已。如此即表示成佛之慈悲不足，雖有示現色身之能力，卻無究竟之慈悲。這種成佛之形態當然亦是不圓滿。

　　若說佛既無能為力，亦不願意示現眾生，此則表示成佛者之能力不足，亦是慈悲不夠。集二者之不究竟，則此種成佛之形態當然是最不圓滿。

　　若成佛者既有能力示現，亦有慈悲救度眾生，則此種成佛之形態方是究竟。但是，問題亦隨之而來，此刻則須馬上交待此種成佛形態如何可能之問題。若更具體地說，即是要問佛與眾生如何「應緣」（相應機緣）、如何交接。佛是一體，而眾生是萬殊，一佛何能應付多量之眾生？若佛每次只能向某一眾生示現，那麼，

其他眾生若同時有需要的話，佛能否同時向之示現？若不能，此
即表示成佛之能力有限，這非究竟圓滿之佛；若能，此則又如何
可能？其可能之根據何在？佛應眾生之機緣時，是否有條件？若
有，又有什麼條件？

⑵法身與色身

　　現在，讓我們正式看竺道生如何處理以上的問題。

　　依竺道生之意，佛當然有「色身」，故此說「夫佛身者，丈六
體也」❸，「丈六」是長度單位，這顯示佛身有經驗物質；若落入
經驗範疇之內，自然受物質定律之限制，故此佛之色身有限，例
如高度是「丈六」（「丈六」只是一象徵之數字，不可執實以為佛
身一定是「丈六」長）。

　　佛雖然有「丈六」之身，但此「丈六體者，從法身出也」（同❸）。
換言之，這「色身」之出處來於「法身」。「法身」才是成佛之依
據，所以說「法身真實」（同❸）；「色身」卻不是真實，故此說「丈
六應假」（同❸）。換言之，成佛之形態是以「法身」為依據，以
「色身」為示現之用。

　　「法身」自然是指以法為身，以法為佛之依據。若「悟夫法
者」，則「封惑永盡，髣髴亦除，妙絕三界之表，理冥無形之境」
（同❸）──「法」就是真理，了悟真理便能永遠斷盡封蔽與迷

---

❸　《注維摩詰經》，頁343。
　　「夫佛身者，丈六體也。丈六體者，從法身出也。從出名之，故曰
　　法身。法者，無非法義也；無非法義者，即無相實也。身者，此義
　　之體。法身真實，丈六應假，將何以明之哉？悟夫法者，封惑永盡，
　　髣髴亦除，妙絕三界之表，理冥無形之境。形既已無，故能無不形；
　　三界既絕，故能無不界。無不形者，唯感是應。佛，無為也，至於
　　形之巨細，壽之脩短，皆是接眾生之影迹，非佛實也。」

惑，亦可除掉霽霽翳翳、如幻如真之不真實，如此便能微妙地與
無形無相之境界冥合。換言之，既盡封惑，亦除霽翳，冥合無形
相之境界（即涅槃），這當然是佛。

　　既然佛以法為依據，而非以經驗物質之世界為依據，故此便
能不受物質形相之限制，所以「形既已無，故能無不形；三界既
絕，故能無不界」（同❸）。佛身是個「理體」（因為「佛以法理為
身」❺），但亦可不捨不著「色身」，故此能夠「無不形」、「無不
界」──佛可通過任何形相示現，亦可在任何領域出現。

　　佛之所以「無不形」而示現，目的全在於「唯感是應」❺──
就是為了要相應眾生之機感。所以竺道生說色身之形軀是「巨」
大或「細」小、壽命是「脩」長或「短」暫，此些「皆是接眾生
之影迹，非佛實也」（同❺）。

⑶佛與眾生應有緣

　　以上顯示了竺道生同意成佛之形態是不捨不著色身而成佛，
從而可有色身與眾生交接，救度眾生。那麼，問題迫入一步，則
馬上要處理：佛與眾生之交接如何可能？

　　佛與眾生交接，是建基於一個條件──感應。從這一個條件
出發，可分析出四種情況：

　　　㈠眾生感應，佛不感應。

　　　㈡佛自感應，眾生不感應。

　　　㈢佛不感應，眾生不感應。

　　　㈣佛常感應，眾生感應。

　　以上只有第㈣種情況才能使佛與眾生之交接成為可能。依竺

---

❺　詳見本章第一節第 1 項「法身無色」。

❺　同❸。

道生之說，佛的形態圓滿無缺，故此可常「照圓」。因為「佛是法也」❺❻，而「法即是法性」❺❼，分析地說，佛是法性。故此，「法性照圓」❺❽即是「佛照圓」——佛體好像光體一樣，常照遍眾生，不會「暫殘」（同❺❽）——即不會暫時殘缺而不能遍照眾生。因為佛是個「理體」，而「理不可亡」❺❾、「理不容間」❻⓿及「理實常存」❻❶。換言之，佛亦如「理」一般——其不存在是不可能的，其體不會間斷存在的，其體是實實在在恆常存在的。一言以蔽之，佛無一刻不存在照圓感應眾生，故此「佛不感應」是不可能的，即是第㈠及㈢兩種情況不能成立。因為，出於慈悲之本懷，「佛以應悟為事」❻❷，「普現色身以通達佛道為迹也」❻❸。

　以上引證了竺道生對「佛常感應」、「照圓」眾生之觀點。但是，佛雖常感應，不過眾生不一定感應——有些眾生感應（此乃第㈣種情況），亦有些眾生不感應（此乃第㈠種情況）。如果是第㈠種情況的話，二者之交接亦不可能成立，「非佛不欲接，眾生不致，故自絕耳」❻❹。因為眾生自身不感應，就算佛常示現在其前，

❺❻　《大般涅槃經集解》，頁 549。
❺❼　「然則法與法性，理一而名異，故言同也」。（《注維摩詰經》，頁 346。）故此，法即是法性。
❺❽　「法性照圓，理實常存，至於感應，豈暫殘耶?」（《大般涅槃經集解》，頁 420。）
❺❾　《妙法蓮花經疏》，頁 801。
❻⓿　同上，頁 816。
❻❶　同❺❽。
❻❷　《注維摩詰經》，頁 404。
❻❸　同上，頁 393。
❻❹　「眾生若無感，則不現矣。非佛不欲接，眾生不致，故自絕耳。若

眾生亦如盲人一般，不得見佛，故此，佛之示現等如沒有示現，故此眾生「若不致」——若不感應而能得佛之示現，這是不可能的，故此說「若不致而現者，未之有也」（同❻）。

　　換言之，佛與眾生不能交接，並非成佛之形態不究竟——非佛之慈悲不足、能力不足，問題只在於眾生自身不感應，此好像日影的比喻，若各種器具要應接日影，其必要條件是「盛水」，器具盛了水才能把麗天中之倒影顯照出來，故此，若不「盛水」，便無應接日影的能力，非日影不示現，器具自身無應接日影之必要條件而已，故此說「器若無水，則（日影）不現矣；非不欲現，器不致，故自絕耳」（同❻）。引申而言，佛與眾生相應之緣（即「應有緣」）之必要條件是「感應」。

　　故此，佛與眾生能夠交接之必要條件在於「感應」，此即是第㈣種情況。故此竺道生說「物機感聖，聖能垂應，凡聖道交，不失良機」❺，換言之，凡是各物有感應者，聖（佛）必能相應之，亦即「感必出矣」❻，「隨應說法」❼，這樣聖者（佛）與凡夫便可「道交」——互相接交。

⑷一佛應眾生

　　解決了佛與眾生交接之所以可能之問題後，馬上便要面對「一與多」之數量問題——佛是一體，眾生是多數，「一」何能同時感

　　不致而現者，未之有也。譬日之麗天，而影在眾器，萬影萬形，皆是器之所取，豈日為乎？器若無水，則不現矣；非不欲現，器不致，故自絕耳。」（同上，頁360。）

❺　《妙法蓮花經疏》，頁801。
❻　《大般涅槃經集解》，頁417。
❼　《妙法蓮花經疏》，頁827。

應「多」？

　　依竺道生之意，佛雖有應現之色身，但「色身佛者，皆應現而有，無定實形」❻❽。換言之，佛之色身非定實於一身，亦非定實於某一特定形態。因為佛明白到「眾生神機（感應）不一，取悟萬殊」❻❾，故此，有時用「施戒」的方式示現，有時則用「神變」（同❻❾），因為佛之色身不定形於某一特定之形相，故此可運用「神（通）變（化）」，變現「三十二相」，可在同一時間以多個色身出現，故此竺道生強調「應化無方，為佛之道」❼❶或「應適無方，皆是佛之道」❼❶。換言之，佛不定實以某一形態、某一色身示現，卻可以同時多方應化眾生，這才是「佛之道」。

　　因為佛之依據在於其法身，而非在於色身，法身是真實、是一體；色身之變化可多樣，但色身是假，故此說「分身諸佛，還集一處」❼❷——雖有種種變化之色身（即「分身」），但最終還是一個依據（即「一處」）——法身。法身是「古今為一，古亦今也，今亦古矣，無時不有，無處不在」❼❸，因為「形既已無，故能無不形；三界既絕，故能無不界」❼❹。簡言之，佛之最後依據是其

---

❻❽　「色身佛者，皆應現而有，無定實形，形苟不實，豈壽然哉？然則方形同致，古今為一，古亦今也，今亦古矣。無時不有，無處不在。若有時不有，〔有〕處不在者，於物然耳。聖不爾也。」（同上，頁826。）
❻❾　「明眾生神機不一，取悟萬殊，或因施戒，或緣神變。」（同上，頁804。）
❼❶　《注維摩詰經》，頁390。
❼❶　同上，頁396。
❼❷　《妙法蓮花經疏》，頁824。
❼❸　同❻❽。
❼❹　《注維摩詰經》，頁343。

「理不可分」之法身，它不再在時、空之範疇內，故此無古無今，無此無彼，「無時不有，無處不在」——即是可以同一時間在不同的地方存在。這樣便可「東感則東，西感則西」❼，「有感必至，何患遠乎？」❼

只有經驗內容之物質才受時、空範疇之決定、受其規限，才會「有時不有、有處不在」❼，所以說「於物然耳」（同❼）——物質才是如此（受時空之限制），但「聖（佛）不爾也」（同❼）。故此，佛雖受感應而在某一方示現，但佛卻不定實於此一方，故此「東感則東，西感則西，豈在方哉（豈定實在某一方）？」❼

另一方面，佛既在某一方應現，此應現之佛身當然是佛，故此不能說在這一方應現之佛身不是佛，所以說「然是佛之應，復不得言方非佛也」（同❼）。這便是不捨不著「方」（空間）而成佛，故言「不在不離〔方〕也」（同❼）。由此便能以「一」體（理體）為依歸，然後通過「多」個色身（應化身）應多數之眾生。

3.佛無淨土

上一節從「般若不捨不著色身」，加上「佛之慈悲與能力」，建立了「應有緣論」之觀點。在這一小節，同樣是扣緊「般若具足一切法」與「成佛之究竟形態」，分析竺道生所言「佛無淨土」之意。

---

❼ 「東感則東，西感則西，豈在方哉？然是佛之應，復不得言方非佛也。故言不在不離〔方〕也。」（同上，頁411。）

❼ 《妙法蓮花經疏》，頁820。

❼ 同❻。

❼ 同❼。

般若之妙用，第一步就是蕩相遣執。故此，首先把執著「佛淨土」之觀念掃蕩。

依竺道生之意，所謂國土，皆是「眾生封疆之域」❼❾，即是由眾生自行「封」土，自行劃定某一疆域，成為自己的國土。若在這「國土」之內作經驗上之觀察報告，見之有不淨，便稱之為穢土；見之無穢，則稱之為淨土。這「穢土」與「淨土」之分別在於「有沒有污穢」，「無穢為無」是相對於「有穢為有」而言的。換言之，分析地說，無論是「穢土」或「淨土」，二者均預設了「有國土」，故此說「無穢為無，封疆為有」（同❼❾）；雖然污穢是沒有，但封疆依然是有。可是，「封疆之有」只不過是由眾生自「封」——自行劃分而有，這「有」決不是自性有之國土。若執著此「有」，以為「封疆」之有是自性有，這只不過是迷惑而已，故此說「有（封疆），生於惑」（同❼❾）。若能悟解眾生自身之分別活動（把疆土分界域）全是虛妄不實之構作，這樣，迷惑便能去除，故此說「其解若成，其惑方盡」（同❼❾）。

由此可以明白，雖有佛國土可去，但此國土「非實」❽⓿，「然亦空矣」（同❽⓿）；眾生所言之「佛國土」，其實是空（無自性）、沒有本體。進而可以明白「無穢之淨，乃是無土之義」❽❶，反過來亦可說「無淨之穢，亦是無土之義」；將二者合起來說，無論是

---

❼❾　「夫國土者，是眾生封疆之域，其中無穢，謂之為淨。無穢為無，封疆為有。有，生於惑；無，生於解。其解若成，其惑方盡。」（《注維摩詰經》，頁334。）

❽⓿　「有〔佛國土〕今可得而去，居然非實，以明諸佛國土雖若湛安，然亦空矣。」（同上，頁373。）

❽❶　《妙法蓮花經疏》，頁827。

「淨」或「穢」，最終均是不實，故此是「無土」——沒有自性之土。

(1)佛有淨土

以上是建基於般若觀之緣起性空之共法而把執有自性之佛淨土掃蕩，這發揮了般若破執之消融作用。但是，般若之活智並不是只偏於「非有」（佛淨土），換言之，佛淨土亦「非無」。

故此竺道生曰「若不調伏，則無七珍土」**❷**，「調伏」是指調和身、口、意之活動，制伏各種惡行，簡言之，「調伏」是指修行實踐。即是說，只要肯「調伏」，便可得「七珍土」——即佛淨土 **❸**。若有佛智慧，便能「容無深大」**❹**；若無此「深大」的智慧，便無「一乘土」——「佛土」，故此說「若無深大〔智慧〕，則無一乘土」（同**❹**）。只要眾生願意實踐——包括修行上與智慧上，便能通過「行」（實踐）而達「致淨土」，即是說「淨土行者，行致淨土」**❺**。所以進一步便可直接指出「有佛國土可去」**❻**，雖然這「佛國土」「非實」，但總算是有（佛國土）。

一言以蔽之，竺道生亦接受有「佛淨土」之觀點。這便是般若妙用之不捨不著「佛淨土」而成佛——既不否定佛土之有，故此是「非無」；亦不執著以為佛土是自性有之佛淨土，故此是「非有」。合起來說，此即非有非無佛淨土。

既然佛土是有，那麼，成佛者以何為佛土？佛土在那裏？又

---

❷ 《注維摩詰經》，頁334。

❸ 通過「調伏」之實踐修行，可得「七淨」——㈠戒淨，㈡心淨，㈢見淨，㈣度疑淨，㈤道非道知見淨，㈥行知見淨，㈦斷知見淨。（《注維摩詰經》，頁394。）

❹ 《注維摩詰經》，頁335。

❺ 同上，頁334。

❻ 「有〔佛國土〕今得可去，居然非實。」（同上，頁373。）

以什麼標準來決定佛土是淨是不淨？而佛土與佛本懷有否關係？
如有，此關係如何？

　　竺道生曰「淨土行者，行致淨土，非造之也。造於土者，眾
生類矣」**❽**，這是注解「眾生之類是菩薩佛土」之經文。換言之，
若實踐修行，固然可到達淨土；但是，這淨土「非自造也」，並非
修行實踐者自造一淨土出來，然後留在自造之淨土中成佛。若沒
有一特定的、自造的淨土，那麼佛之國土何在？「眾生之類」就是
「佛土」。

　　菩薩隨緣而化，到處應眾生，也非停留於一自造之佛土中捨
眾生而成佛。因為菩薩「本化自應」**❽**，最終來說，菩薩的目的
是「使既成為統國」──把隨緣所到之處，使之成為自己統領之
佛國土。故此，這是「隨於所化」，顯現「佛之迹」，而「取彼之
國」。既然是「取彼」，此則表示佛土「非自造」也。

　　因為，若自造一佛土，在這佛土中只有自己，而無眾生；若
無眾生，則「無所統」，那又何能「成就」眾生？所以，「若自無
造國」**❽**，則自身不會停實於一自造之「彼疆」，這樣便可「隨於
所化」，「然后能成就眾生耳」。

　　一言以蔽之，離開眾生則沒有佛土，佛土就在眾生之中。這
明顯是就著「佛本懷」（慈悲）之觀念而言的，因為成佛者若自造
一佛土世界，捨離眾生而住於佛土，這表示眾生世界與佛土世界

---

❽　同上，頁 334。

❽　「始解是菩薩本化自應，終就使既成為統國。有屬佛之迹，就本隨
　　於所化，義為取彼之國。既云取彼，非自造之謂。若自造則無所統，
　　無所眾生，何所成就哉？」（同上）

❽　「若自無造國，又不在彼疆，然後能成就眾生耳。」（同上，頁 335。）

截然二分，二者不能交接，此即表示佛之悲願不究竟，這不是成佛之圓滿形態。

所以，依竺道生之意，無論是菩薩或佛，由於其「慈悲為懷」❿，「滿願為極」❾──為極盡其圓滿之本願，故此不「貪其樂」，「不住無為」之佛土，而重「反入生死」之有為世界，就在眾生之中，為了「能救眾人」❾。故此，便知所言「佛土」之事，其實是為了「就應」❾眾生而言的。

如此，佛之國土就是眾生之國土，這樣便能解決佛之世界與眾生世界之交接問題。因為二者並非不同的領域，故此自然能夠交接。

⑵佛土何以「淨」

但是，這說法馬上要面對一問題：眾生之世界是有為的（有生滅的）、污染的；佛之世界是無為的（無生滅的）、清淨的，此兩個不同性質的世界如何可能同在一起？淨佛土之「淨」如何可能？又以何為標準？

依竺道生之意，淨土與不淨土，其實是同一國土。其淨與不淨之分別在於眾生之心「淨不淨」。心淨，則見佛土淨；心不淨，則不見佛土淨，故此說「深心清淨」者，「則能見此佛土清淨」❾，不過這是需要依於「佛智慧」才能成立的，即是要「慧心明淨」

---

❿　「以慈悲為懷者，不貪己樂也。」（同上，頁 409。）

❾　「不住無為，是窮理將入生死之懷，以滿願為極。」（同上）

❾　「反入生死，必能救眾人。」（同上）

❾　「菩薩既入此門，便知佛土本是就應之義。」（同上，頁 405。）

❾　《維摩經》有云：「菩薩於一切眾生，悉皆平等，深心清淨，依佛智慧，則能見此佛土清淨。」（同上，頁 338。）

——智慧之心清明潔淨，方可見「功德莊嚴」❾，故此，「悟之，則佛土好淨悉現也」（同❾）；反過來說，若以「闇心」（昏暗不明之心）取佛土，只能見之污穢耳。眾生見佛土有穢，「非佛土然也」（非佛土有穢），皆因眾生自身「心有高下」❾，「據石沙致疑」——眾生受自身根器之「優劣」與「沙石」般阻滯之多疑，「故唯見淨土不淨耳」。若能依「佛慧而觀」，則「無往而不淨」。

　　一言以蔽之，佛土之淨不淨，不是建立於外境之淨不淨，而是基於眾生自身有沒有清淨之智慧心（慧心明淨）。慧心淨則見佛土淨（p → q）；若不見佛土淨則表示心不慧不淨（~q → ~p）。

　　舍利弗便是個例子。由於其心未全淨，故此不見佛土淨，只見佛土不淨，而引致他有致疑。竺道生對他的疑問的解釋是由於眾生自身有罪，故得到的是穢土，而不是淨土；眾生見不到佛淨土，這絕非「佛咎也」❾。換言之，舍利弗不見佛土淨，這責任是在於舍利弗自身心不淨，故此不能推卸責任而怪責佛說是佛之罪咎。所以，竺道生正式說「既明不淨，罪在眾生」（同❾）。舍利弗之「據穢致疑」，只能表示他「為不見也」，此並不能說佛土是不淨，「不見佛土淨」並不等如「佛土是不淨」，見佛土淨之必要條件是要如佛般之淨，方能見之，故此說「為淨之旨，居然屬佛」，方可「云我此土淨」❾。

❾　「慧心明淨，則見功德莊嚴，以闇心而取，故謂之穢耳。非佛土然也。」（同上）

❾　「心有高下者，據石沙致疑，則就眾生之優劣也。又是不依佛慧為應之趣，在乎必悟之處，故唯見不淨耳。若取出惡之理，則石沙，眾生與夫淨土之人等，無有異。凡是依佛慧而觀，故無往而不淨也。」（同上）

❾　「眾生有罪，故得斯穢，不見之耳，非佛咎也。」（同上，頁337。）

⑶淨土非實

竺道生雖然確立了「淨佛土之有」（在於心淨），但是，他為了恐防眾生執著「淨佛土」（或「不淨佛土」），故此竺道生便要再次化遣「淨土之執」。

「便知佛土本是就應之義」是他注《維摩詰經》之「若見一切淨好佛土，不以為喜，不貪不高；若見一切不淨佛土，不以為憂，不閡不沒……諸佛如來功德平等，為教化眾生故，而現佛土不同」❾。簡言之，依竺道生之意，無論示現之「佛土」是淨是穢，這只不過是為了「就應」眾生而已，目的是使眾生取其「淨之旨」（在於淨慧之心）❿，而非要眾生取著淨土、執實淨土，故此便要說莊嚴淨土亦「無定相」（無定實自性之形相），故此經曰「我佛國土，常淨若此，為欲度斯下劣人，故示是眾惡不淨土耳」（同❿），竺道生亦同意，所以說為了「俯就下劣，故示若不淨」，因為眾生之根器有異，為了教化「下劣」之眾生，使之「遣封穢之情」，「取為淨土之旨」（同❿）。

既顯明「佛土」之淨穢是「無定相」，進一步便可指出「亦無事淨土」⓫；若有事淨土，此則表示有執著。若以為淨土火燒也不毀，那麼，眾生便會生情好、「生企慕」而有所執取⓬，這對於

---

❾　「既明不淨，罪在眾生，則為淨之旨，居然屬佛，故云我此土淨，而舍利弗據穢致疑，為不見也。」（同上）

❾　同上，頁 405。

❿　「又現此變〔莊嚴淨土〕，示無定相，以遣封穢之情，使取為淨土之旨。」（同上，頁 338。）

⓫　「且觀者，且寄嚴淨，以明無穢，於實乃現，亦無事淨土矣。」（同上）

⓬　「是以眾生見燒，而淨不毀，且令人情欣美尚好。若聞淨土不毀，

「借事通玄」——借助事例以使眾生明白佛家形而上之真理，變成是一種無中生有之「益多」，成為障蔽。

⑷不捨不著佛土

以上化遣眾生執著淨土之觀念，顯明佛不著於淨土。但是般若具足一切法，故此，化遣「着於淨土」後，便要馬上化遣「捨於淨土」。這樣才能「不着不捨淨土」而成佛——此方是成佛之圓滿形態。

依竺道生之意，佛之色身既是「無處不在」 **⓲**，故此，分析地說，無處不是佛之淨土，佛既可「無時不有」，如此，則佛可同一時間「在此」 **⓳**，亦可同一時間「在彼」。換言之，佛無時無刻不在眾生之中，而眾生就是佛土（參本章第一節 3. ⑴），引申來說，處處皆是佛淨土。此即表示佛「不捨淨土」。

總結來說，佛是不著不捨淨土而成佛——佛固然擁有莊嚴淨土，這淨土就在眾生當中，隨時可現於眾生，故此這是「不捨淨土」；但佛亦不住實於淨土之中，卻是隨處教化、應化眾生，故此這是「不着淨土」。竺道生之強調「佛無淨土」，其實是偏重於般若蕩相遣執之消融作用而故意突顯「佛無淨土」之說。

另一可能原因則是竺道生要把佛家成佛之土與道教成仙之境分開。因為道教之修煉成仙後，可到一神仙之境長生不老，這是晉宋時代由道家衍生出來的宗教修行觀念。可能竺道生正是要面對這時代之特有問題，故此標明成佛不是如成仙一樣——脫離凡

則生企慕意深。借事通玄，所益多矣。」《妙法蓮花經疏》，頁 828。）

⓲　「色身佛者，皆應現而有……無時不有，無處不在。」（同上，頁 826。）

⓳　「若化眾生，似復在此在彼也；在此在彼者，應化之跡耳。」《注維摩詰經》，頁 411。）

人（眾生），自往一仙境（佛土）中逍遙自在（解脫無縛）。這是外在的歷史原因❿。如此類推，總結來說，這可能是竺道生特別標明「佛無淨土」、「法身無色」及「善不受報」之歷史原因。

4.善不受報㈠

「善不受報」是指善者不再受輪迴生死之報應。所謂「善」，是從果地的觀點而言，指成佛者不再受報，此就是「善」。換言之，「善不受報」是用來描述果地之「佛性」(buddha-dhātu)——亦即成佛之形態。

成佛是以「法」、「理」、「涅槃」為身，即是以「寂滅」為身（詳見本章第一節 1.⑷）。涅槃法身既是「寂滅」，自然是不生不滅、非因非果，不再在「三界」之經驗範疇之內，故此不再受因果之報。

依竺道生之意，成佛之佛身，其依據在於「法」，「法」是「寂滅」之「法」，亦即「無為」法，故此既無形相，亦絕跡於「三界」❿，在「無漏道」中（在無煩惱之內），不再「還生死」之世界❿，不再受經驗現象之生滅定律所主宰，皆因「無為是表理之法」❿——「無為」只是表示「理」之「法」。「理」與「法」皆是「寂滅」的，故此又有何「實功德利」❿，因為根本不再入於經驗世界之

---

❿ 本書不是歷史考據之作，故此，晉宋時代之社會、歷史之具體情況，不屬本文處理的範圍。在此只是略提而已。

❿ 「夫佛身者……形既已無……三界既絕。」（《注維摩詰經》，頁 343。）

❿ 「入無漏道後，定不還生死。」（《妙法蓮花經疏》，頁 816。）

❿ 《注維摩詰經》，頁 357。

❿ 「無為是表理之法，故無實功德利。」（同上）

範疇內，故此說成佛之性質是「非因非果」，因為「因果」範疇只用於經驗界之生滅現象而言，故此，佛性「不從因有」❿，亦不從果有，已「非更造」——再無造作之活動，自然無所謂受不受報。

這是從成佛之形態而言——以法為身，即是「法身」，故此，善者（佛）不受報。若從佛之「化身」而言，佛雖有色身示現眾生，但這色身亦不受報，即不受物質定律之管轄，因為此色身之依據全在於「法身」。所以阿難以為佛有病而他前往婆羅門家求乳醫佛時，竺道生之注認為：佛雖有體、有色身，但其體是「悟理之體」⓫、「無漏為體」⓬，超越三界之域⓭，故此不受「有為」世界、經驗活動世界之法則所規限。所以說不能「謗佛」⓮：以為佛受經驗界之病疾所主宰，而求外道施牛乳。

如來之身乃「金剛」不壞之身⓯，故「無可損」，無有疾；「如來身」是「從實理中來」⓰，換言之，如來之體是個理體，理體自然不受生滅起伏之活動影響，故此如來不會起病——這是從成佛之理而言；不過，若從方便教化而言，佛亦可示現「病態」——有生病之樣態，以考驗眾生之悲心，但是，佛卻無「病本」——

❿　「〔非因非果，名為佛性。〕不從因有，又非更造。」（《大般涅槃經集解》，頁 548。）

⓫　「佛為悟理之體，超越其域，應有何病耶？」（《注維摩詰經》，頁 360。）

⓬　「佛既以無漏為體，又非有為，何病之有哉？」（同上）

⓭　「三垢已離，故不在三界也。」（《大般涅槃經集解》，頁 410。）「〔轉輪聖王，〕尚得無病，豈況如來普胜三界而有病哉？」（《注維摩詰經》，頁 359。）

⓮　「苟云是〔佛有病〕，實為謗佛也。」（《注維摩詰經》，頁 359。）

⓯　「如來身，無可損，若金剛也。」（同上）

⓰　「如來身，從實理中來，起不由彼，應有何病耶？」（同上，頁 360。）

致病之本源。

故此，總上而言，若能扣緊果地之佛性——成佛之形態而言，竺道生便可推論出「善不受報」之觀點。由此進一步說清楚，果地佛性之「善不受報」與因地中眾生世界之「善受報」，二者並非矛盾的觀念（參閱本章第三節 1.）。

眾生在有漏、污染的世界行善，結果得果報成佛，升進無漏、清淨之佛世界。佛之世界已是一最後境界，故此，就算成佛後再行種種善行，佛並不因而再得另一果報——升進另一更高的世界。由此便可明白「善受報」之觀念是不適用於描述果地中之佛性，因為若說佛行善後，又得善報，此是預設了「佛又會更升進一步，進入一更高之境界」，如此，則表示佛之世界不是最後、最絕對、最圓滿。但這違反佛家「佛性非因非果」之觀念。故此，若扣緊「果地之佛性」——成佛之圓滿形態，必能推論出「善不受報」之觀念。

二、成佛之根據——佛因觀

眾生在修行成佛之前，必問及一最基本的問題：究竟自身有沒有能力成佛？如此追問自身成佛之根據是如何的，此則進一步對成佛之因之討論，亦即本章之核心問題，此乃竺道生之「佛因觀」。

從第一步之追問，必涉及一客觀之根據問題：究竟眾生之能夠成佛，其理何在？即其邏輯根據何在？此即要處理「佛性當有」的問題。因為，若無佛性，根本不能成佛；接受了「當有佛性」之觀念後，依然可追問此「當有」之佛性是本有的、還是始有的？

這是一更基本的問題，由此便要正面解答「是否眾生皆有佛性」、或「是否一闡提皆有佛性」的問題。這是第 1 項所討論的問題。

除了一客觀之邏輯根據（正因）之外，進一步便要交待為何現實上有「成佛」、「未成佛」（或不成佛）之差別現象，此則引進另一些主觀條件，這涉及個別眾生自身是否有運用般若智慧（了因）與修行禪定（緣因）。

故此，在 2. 之中，便討論「悟理成佛」的問題。究竟竺道生所「悟」之「理」是指什麼？「悟理」與「成佛」之關係如何？「悟理」需要什麼條件？這與「智慧」有何關係？進一步則可問清楚此「智慧」之確實意思是指什麼？

論證了眾生有客觀之必然根據（正因佛性）及悟理成佛（了因佛性）之後，繼之而來，在此二觀念之外確立實踐修行之理據（緣因佛性）。為何有了「當有佛性」及「悟理成佛」之後，眾生必然要具備另一主觀之條件——「應（該）有緣」——實踐修行，方可成佛？究竟未實踐修行之前，眾生之存在形態如何？修行之後，又有什麼不同的結果？這是 3.「應有緣論㈡」所處理的問題。

1.佛性當有（人人皆可成佛）

竺道生之佛因觀，以「當果為正因佛性」，究竟這是什麼意思？他所言之「佛性」之性質如何？由這基本之觀念可否推論出「一闡提皆有佛性」之觀點？換言之，是否「人人皆可成佛（包括一闡提）」？

依竺道生之意❼，「我即佛性」、「佛性即我」。但是，在般若實相觀之下，已破「我」之觀念，故此要說「無我」。事實上，「無

---

❼ 《大般涅槃經集解》，頁448。

我」亦是佛家共許之前提，何以竺道生卻說「我即佛性」？其所言之「我」與「無我」之「我」是否同一意思？二者是否互相矛盾的概念？

竺道生所言之「無我」，其實是指「無生死中我」❶——在經驗世界之中，肉身服從緣起性空之法則而有生有死，故此「豈有能制之哉」？有誰能主宰、制住此理？這「空理」（緣起性空之理）當然是不服從我，相反來說，反而是我服從空理，這便是「我」之「空性」——生死中之我非實有（自性）。這是就「緣起性空」之觀念下而說「無生死中我」，但此並非說沒有「佛性我」，故此說「無我，本無生死中我，非不有佛性我也」（同❶），換言之，並非沒有一個具有成佛性質之我。

相反而言，「無我」與「（佛性）我」非但不是互相矛盾的概念，反而要通過「無我」之說來表示有「真我」，故此「菩薩說無我之教」其實就是為了表明「如來真我」❶，亦即「為說無我，即是表有真我也」❶。「無我之理」是有所偏的，因為它是「有外無內」❶：只有外在性（緣起性空如幻如化之現象性），卻無內在性（真常不變之理性）；但「常我之理」則有內在性（恆常性）；否則不稱為「常我」（或「真我」），由此便可「應萬行」❶：因為既有一恆常的我（佛性我），便可時刻相應、應付千萬樣之活動。

---

❶ 「理既不從我為空，豈有能制之哉？則無我矣。無我，本無生死中我，非不有佛性我也。」（《注維摩詰經》，頁 354。）

❶ 「菩薩說無我之教，表如來真我。」（《大般涅槃經集解》，頁 453。）

❶ 同上，頁 451。

❶ 「無我之理……有外無內也。」（同上，頁 453。）

❶ 「常我之理，應萬行之時。」（同上）

一言以蔽之，在般若實相觀之下言「無我」（無生死中我）並不礙在涅槃佛性觀之下言「真我」（佛性我）。

因為，若通過「無我」而否定「真我」（佛性我），那便要面對一個問題：眾生修行，由誰來成佛？若執實沒有一恆常之「真我」（佛性我），則不能交待由誰人成佛的問題，此則變成「斷見」──把「真我」斷去而變成偏執迷惑。

故此，竺道生說「眾生是本有」十二因緣的❸。換言之，眾生依於十二因緣，受「無明」、「行」、「識」、「名色」、「久入」、「觸」、「受」、「愛」、「取」、「有」、「生」、「老死」之緣生法❹所主宰，故此不能說「常」；若有「常」，「則不應有苦」❺，但事實上眾生皆有苦，故此不能說「常」。「常」不能成立，卻不表示「斷」能成立，若以為眾生在十二因緣之中只有「無我」的一面，卻不見有「真我」（佛性我）的一面，「則無成佛之理」（同❺）：既偏執於「無生死中之我」，故此而執著亦以為「無佛性我」，這自然不能交待由誰人成佛之道理，這便變成「斷見之惑」❻。

因為把「十二因緣」斷去，亦即是把佛性斷除，佛性就在十二因緣之中，所謂成佛，就是在十二因緣之中「還滅」，將最後之無明斷滅，當下獲解脫成佛，故此，離開十二因緣不能另有一空洞之佛性。所以竺道生有言「所說真我，能斷眾生斷見之惑」

---

❸　「十二因緣為中道，明眾生是本有也。若常，則不應有苦；若斷，則無成佛之理。」（同上，頁546。）

❹　十二因緣是因緣法之應用，用來描述眾生之存在是受因果法則所決定。具體來說，由無明而有行，行而有識……生而有老死；簡言之，其形式是前項為後項之因，從而顯明眾生服從經驗界之緣生無自性。

❺　同❸。

❻　「所說真我，能斷眾生斷見之惑。」（《大般涅槃經集解》，頁463。）

（同❶❷❻）。只有提出「佛性我」（真我），才能解決由誰人成佛之理，如此則可把偏執於「無我」之「斷見」斷去。

(1)「我即佛性」、「佛性即我」

以上澄清了「無我」與「真我」並非互相矛盾，現進一步解釋為何竺道生說「我即佛性」、「佛性即我」。

現在所討論之「佛性」，是指因地中之「佛性」（buddha-gotra 或 buddha-garbha），這是指眾生成佛之根據或能力而言。依竺道生之意，「佛性必生於諸佛」❶❷❼：「諸佛」是「佛性」之全然顯現者，「佛性」是在「諸佛」身上顯現出來，換言之，分析地說，從果地之「諸佛」身上回溯，必然預設了「佛性應當在諸佛身上生現出來」，即是必然推出「佛性必生於諸佛」──這其實是一分析語。

換言之，這「佛性」必然是指成佛之根據或能力，即是說「成佛者應當必有成佛之根據或能力」，亦可說「成佛之根據或能力（佛性）必然顯現於（或必生於）成佛者身上（諸佛）」。而這成佛之根據之「佛性」是一「種相」（同❶❷❼）──是一「自然之性」（同❶❷❼），是未成佛者（眾生）天生而有之自然之性質，故此可說「我即佛藏」（同❶❷❼）：我是個佛之胎藏、佛之潛藏處；換言之，我是個未顯佛性之潛藏佛或在胎兒狀態之佛，這顯然是從「成佛之根據天生而有」之原則上說的。

由此亦可說「一切眾生，莫不是佛」❶❷❽，這亦是從原則上說

---

❶❷❼ 「種相者，自然之性也，佛性必生於諸佛。向云我即佛藏，今云佛性即我，互其辭耳。」（同上，頁448。）

❶❷❽ 「一切眾生，莫不是佛，亦皆泥洹，泥〔洹〕與佛，始終之間，亦奚以異，但為結使所覆，如塔潛在，或下為地所隱。」（《妙法蓮花經

的，「眾生」與「佛」，在理上皆是「泥洹」（寂滅）；二者之異，分別在於「始終之間」（同❷）：成佛得泥洹是終，眾生未體證泥洹，還是在始（在隱藏）的階段，但在性質上、原則上，二者皆是寂滅之泥洹，分別在於佛已體證之，而眾生卻被結縛煩惱所覆蔽，故此未能體證其寂滅之佛性。

換言之，離開眾生不有佛性，因為眾生之佛性全然顯現者即是佛；若眾生之佛性未顯現者則仍是眾生。無論佛性「顯現」或「未顯現」，佛性都不能離開眾生而獨立自存。在此意義下，佛性即是眾生；既然我亦是眾生，便可引申而言「佛性即我」，離開眾生或我，便成空言佛性。故此，反過來說，便亦可說「我即佛性」。

⑵佛性本有

以上釐清了「我即佛性（佛藏）」及「佛性即我」之義。現可進入探討此「佛性」之性質。

依竺道生之意，「佛性」是「以種生為義」❷，「如來種」（即佛種）就好像「穀種」一樣❸。所謂「種相」——種子之性質，是指「自然之性」❸，天生而有之性質。這是從「成佛之果地」回溯，說成佛者應當必有佛性——如種子般之佛性，故此說「佛性必生於諸佛」（同❸）。從成佛後之「諸佛」身上回溯，必能得出「成佛者應當有佛性」，此「應當」是邏輯意義之「應當」，即「蘊含」(Imply) 之義，從而顯示一必然真之恆真句 (Tautology)——

疏》，頁823。）

❷　「既問佛性，以種生為義。」（《大般涅槃經集解》，頁543。）

❸　「如來種是擬穀種。」（《注維摩詰經》，頁391。）

❸　「種相者，自然之性也，佛性必生於諸佛。」（《大般涅槃經集解》，頁448。）

指「佛性必生於諸佛」是一分析地真之語句。

由於「佛性」是「種生」意義之佛性，故此合起來便可說「佛種性」，即天生而有、自然而然之如來種性。故此可以說「一切諸佛，莫不由佛而生」❶❸❷：一切果地之諸佛，無一不是由因地之佛（佛種）生出來；若沒有佛種之佛性，則必不能生出果地之諸佛，故此，「前佛」（種性之佛）是「后佛」（果地之佛）之種（同❶❸❷），這亦是一必然真之恆真句，因為此說是「倒果求因」——從果地回溯前因之分析語。

這成佛之根據即是「為佛之因」，它「既在於始，又在其終」❶❸❸。因為因地中之佛性——「種生」義之佛性是先驗的、天生而有的，故此「為佛」（成為果地之佛）之因（根據），既是在開始之時，亦在終結之時，其實這表示「佛種性」不受時間範疇之決定。故此可說「雖壞五陰，無損佛性」❶❸❹：因成佛之根據「佛種性」是先驗的，故此不因「五陰」（肉身）毀壞而變得有損，這是從「佛性種生之先驗性」而說的；不過，若將眾生傷害，即是把眾生殺害，這名之為「殺生」；既把眾生殺掉，眾生便沒有機會顯其種生之佛性，此即是損害了眾生之佛性，即是說「殺生，不可以佛性無損」（同❶❸❹）：這是從「顯現佛性」而言的。

若依原則上說，從「佛性如種子之先驗性」而言，則「雖復

---

❶❸❷ 「一切諸佛，莫不由佛而生，是以前佛是后佛之種義也。」（同上，頁545。）

❶❸❸ 「夫為佛之因，既在於始，又在其終，故言從如。」（《注維摩詰經》，頁361。）

❶❸❹ 「雖壞五陰，無損佛性。傷五陰故，名曰殺生，不可以佛性無損。」（《大般涅槃經集解》，頁454。）

身受萬端，而佛性常存」（同❸）：雖然肉身遭受各樣事端，但佛性依然永恆存在；故此，若明白「佛性不可斷」❸，便可明白此「佛性」能夠產生「力用」：使眾生有能力成佛。

總上來說，從果地之諸佛回溯，必能推論出「佛性應當生於諸佛」之觀點，若進一步反省此「佛性」之性質，依竺道生之「種生」觀念，則可推論出「佛性本有」的觀念。

從成佛之果地回溯，必然推出「成佛者有成佛之根據（佛性）」之分析語，但是，我們依然可追問：究竟此「佛性」（成佛之根據）是後天修的、還是天生而有的？若是後天修來的，此是「始有」——開始有，這表示以前沒有；若是天生而有，此是「本有」——由始至終，本來就有。

依竺道生之意，眾生成佛之根據——「佛性」是「本有」的，故此說「本有佛性」❸、「本有種生」❸，這「種生」之佛性（即佛種性）天生已有，它是先驗的，故此「非起滅之謂」——無所謂有生滅之相對性，因為從「本有」佛種性之立場而言，「起」與「滅」之相對之經驗概念，均不適用於描述先驗的、超越的佛種性，把「本有種生」與「本有佛性」合起來，便成「本有種生佛性」。

在「本有種生佛性」之觀念下，便可在原則上說「一切眾生，莫不是佛」❸，因為佛是一寂滅之體，具有佛性種子之眾生亦是一寂滅之體，故此說「眾生即涅槃相」❸，二者均不落入經驗範

---

❸　「若佛性不可斷，便已有力用。」（同上，頁453。）

❸　「本有佛性，即是慈念眾生。」（同上，頁453。）

❸　「本有種生，非起滅之謂，是以常樂無為耳。」（同上，頁546。）

❸　「一切眾生，莫不是佛，亦皆泥洹。」（《妙法蓮花經疏》，頁822。）

❸　「眾生即涅槃相，不復更滅。」（《注維摩詰經》，頁362。）

疇之內，故此，在「寂滅性」之意義下，眾生與涅槃佛性相同，換言之，天生而有佛種性之眾生皆是佛（涅槃之體）。簡言之，具先驗之必然根據之眾生皆是未來之佛，而未來之佛亦算是佛之一種，「眾生」乃未來之佛，故此，從原則上可說「一切眾生，莫不是佛」。

(3)一闡提皆有佛性

既然一切眾生均是天生而有成佛之先驗根據，那麼，原則上眾生均當成「佛」──果地之佛。換言之，從理而言，必能推出「眾生均可成佛，包括一闡提在內」之結論。故此竺道生有言「聞一切眾生，皆當作佛」**⑭**，「闡提是含生，何無佛性事」**⑭**，「一闡提者，不具信根，雖斷善，猶有佛性事」（同**⑭**）。

以上從「當果」回溯，分析出「佛性當有」，再進一步說「當有之佛性」乃「種生」之佛性，由此便可推出「佛性本有」，在此推論下，「佛性當有」即「佛性本有」。既建立了「佛性本有」之前提，則可推出「一切眾生，皆當作佛」。「皆當」是「都應當」之意，這「應當」是就著「佛性本有」之理而言的，即是從原則上說「眾生皆當成佛」。既接納此推論，亦必要接納「一闡提亦可成佛」之推論。

因為，所謂「眾生」，是指「含生」之類──有生命活動能力之生物，既然一闡提亦是含生之一種，則分析地說，馬上可推出「一闡提亦可成佛」之結論。當然，這結論亦如先前一樣，亦只是從原則上說的，雖然實際上、現實上一闡提（或其他眾生）故意不顯其天生而有之佛種性，故此不能成佛；但是，這並沒有把

---

⑭ 《妙法蓮花經疏》，頁809。

⑭ 《續藏經》第一三四冊，頁15。

先驗之成佛之根據否定了，因為「不顯佛性」並不等如「沒有佛性」，「不顯佛性」是預設了「有佛性」，有了佛性之後，才有「佛性顯不顯」之問題，故此竺道生只說他們「不具信根」而不是說他們「不具佛根（佛種性）」，故此他說一闡提「猶有佛性」這回事。「信」或「不信」佛，此乃個人之事，由每人自行決定；「具」或「不具」佛性，則不關個人之事，若是天生具有佛性，則不管個人信不信，亦不妨礙其自身具或不具佛性之事。

若要成佛，除了一客觀必然之根據之佛種性（正因）之外，還得要眾生個別地、主體地實踐智慧（了因）與修行（緣因）。故此，竺道生亦主張「悟理成佛」（後詳本章第二節 2.）及「應有緣論」（後詳本章第二節 3.）。

若明白「成佛」是需要三方面的條件（三因），便能明白竺道生當年提出「一闡提人皆有佛性」之說，卻被眾僧圍攻及驅逐之原因。

一方面是歷史事實之問題：法顯最初只攜來曇無讖翻譯之六卷《泥洹經》，經中只有「一切眾生，皆有佛性在於身中。無量煩惱悉除滅已，佛便明顯，除一闡提」❶❷，簡言之，除一闡提外，眾生皆有佛性。對於純粹盲目死守經文的人，已可根據經文批評竺道生。

另一方面，若從義理方面而言，僧團據修行（緣因）之觀點亦可批評竺道生。因為，所謂「一闡提」，是梵文 icchantik 之譯音，意指「信不具」、「斷了善」的人。這是從眾生之現實世界作經驗上之報告——描述眾生之實際行為。

從現實行為上報導一闡提之不是，即是從實踐修行（緣因）

---

❶❷ 引文見湯用彤著《漢魏兩晉南北朝佛教史》，下冊，頁464。

之觀點而判斷一闡提「沒有佛性」及「不能成佛」，譬如說他們「懈怠懶惰」、「尸臥終日」❸、「犯重禁」❹等，故此，在修行成佛之道途上，他們「究竟不移」──始終不肯移步上佛路，故此而「絕」其「如來性」❺，這「絕」是「使之斷絕、不能顯現」之意。換言之，這只能說他們不顯其天生而有之佛性，但這並不能把先驗之佛種性（正因）抹煞。由此可以明白，站在「實踐修行」（緣因）之立場，那些僧團是據之有理來批評竺道生。

但是，若能通透了解《涅槃經》之經義，明白有佛種性（正因）與實踐修行（緣因）之分別，則紛爭馬上獲得化解。故此，其後譯出之《涅槃經》，經文中亦有所變動，正式承認一闡提「有佛性」❻，只不過是由於他們現實上之行為之罪過太重，故此為垢所綑綁，不能得「出」（顯現）其佛性。另外，經中正式說「一切眾生，悉有佛性，煩惱覆故，不知不見。是故應當勤修方便，斷壞煩惱」❼，在此明言「一切眾生，悉有佛性」，末後再沒有「除一闡提外」之字樣，此即表示它不否定「一闡提皆有佛性」，相對以前來說，亦即默認「一闡提皆有佛性」之觀點，故此勸眾生「應當勤修」、「斷壞煩惱」解脫成佛。

⑷般若實相觀與佛性本有

竺道生之「一闡提皆有佛性」之觀點建基於「佛性本有」之

---

❸ 「如一闡提，懈怠懶惰，尸臥終日，言當成佛。若成佛者，無有是處。」（同上，頁463。）

❹ 「如一闡提，究竟不移，犯重禁，不成佛道，無有是處。」（同上）

❺ 「彼一闡提於如來性，所以永絕。」（同上，頁464。）

❻ 「彼一闡提雖有佛性，而無量罪垢所纏，不能得出。」（同上，頁464。）

❼ 同上。

觀點，而「佛性本有」之觀點則建基於其理論基礎「般若實相觀」。故此，若要批評竺道生之「一闡提皆有佛性」之說，則必須面對其理論基礎，而不能單從「佛種性」（正因）及「實踐修行」（緣因）之分別作討論。所以有必要將其「般若實相觀」及「佛性本有」（與「一闡提皆有佛性」）之關係表明。

竺道生把般若學之觀法之實相應用於觀眾生之實相，這是由對外境（法性）之分析而轉向對內之自身（眾生性）進行分析。前者成就「般若實相觀」，後者成就「涅槃佛性學」（參閱本章第一節 1.(4)「般若實相與涅槃法身」）。若表明由般若學之觀法性而推出涅槃學之觀佛性，則可明白竺道生如何推出「佛性本有」及「一闡提皆有佛性」之說。

依竺道生之意，通過般若實相觀，可觀得「眾生空」與「法空」❶，二者合起來代表「一切皆空（無自性）」，既是「空（無自性）」，故此不能說「生」、「滅」（「來」、「去」）等觀念，即是要說「八不」（不生不滅、不來不去等）。既是「不生不滅」，這便是「寂滅」（第二序、實相層之概念）。由此便可推出「滅（寂滅）是法性」❷：一切事物（亦包括眾生）之性質皆是「寂滅」的，不能用有自性之「生」、「滅」、「來」、「去」等概念描述一切法（包括眾生）（詳見第二章第一節 1.「蕩相遣執」）。這是般若之妙用用於觀「緣起性空」之實相。這主要是觀「境」。

若將此向外之觀境轉向內而觀自身，此則是「涅槃佛性觀」——專注地觀眾生自身亦是「以空為性」，亦是一寂滅境界。所謂成佛，是「以法為身」，其實就是「以寂滅為身」，這就是「泥洹」

❶　「法有二種：眾生空、法空。」（《注維摩詰經》，頁 346。）
❷　「向云滅是法性。」（《大般涅槃經集解》，頁 419。）

（涅槃），故此竺道生說「般泥洹」之正確名字是「滅（寂滅）」❿。就「寂滅」一義而言，則能貫通「佛」與「眾生」，二者皆是相同，即是就「寂滅」一義，可說「一切眾生，莫不是佛，亦皆泥洹」❶。「泥洹」佛性乃眾生成佛之根據（即「得佛之因」），這成佛之根據「既在於始」，「又在於終」，故言之為「從如」❷——即是從「如相」，所謂「如相」，即如其所是，如其所如 (As Such)，這即是「實相」。

換言之，從分析外境之寂滅性（實相），便可應用於分析眾生自身之寂滅性（實相），而這「寂滅性」是「從如」的——本來就是如此的，一切法皆是如是的。即是說眾生之「寂滅性」（成佛之根據）乃是天生就是如此的「從如實相」，那麼，這必然推出「佛性」（成佛之根據）是「本有的」，因為此（眾生之）性質本來就是如此。

一言以蔽之，由此必能推出「佛性本有」——眾生之寂滅性（佛性）本來就是如此（本有）。故此，若要破斥竺道生之「佛性本有」或「一闡提皆有佛性」之觀念，則必先破斥「緣起性空」之法性，亦即先要破斥其「般若實相觀」（或「法理觀」）。但般若實相觀之緣起性空之法則，乃佛家之共法，它是一分析地真之共許之前提，故此不能破斥之。既不能破斥竺道生之理論基礎，便不能不接受其「佛性本有」及其衍生出來的「一闡提皆有佛性」之推論。這便能明白為何竺道生在《涅槃經》尚未全部譯出之前，

---

❿　「般泥洹者，正名云滅。」（《大般涅槃經集解》，頁 377。）

❶　《妙法蓮花經疏》，頁 823。

❷　「夫為得佛之因，既在於始，又在於終，故言為從如。」（《注維摩詰經》，頁 361。）

便能「孤明先發」，推出「一闡提皆有佛性」之先見。

2.悟理成佛

　　上一篇從「佛性必生於諸佛」說明成佛之客觀必然之根據（正因佛性），亦進而分析出竺道生所言之「當有佛性」其實就是「本有佛性」之義。有了這前提之後，便可推出「一切眾生皆有佛性」或「一闡提皆有佛性」之觀點，這是從原則上（正因上）說的。若問及現實上為何有些眾生成佛，有些卻未，卻不成佛（如一闡提等），這便涉及個體自身之問題：眾生自身有否實踐智慧與修行來顯發其天生之佛種性？若要天生之根據（佛種性）由隱藏（如來藏或佛藏）到顯發（成佛），則需要條件，由此便可引進般若智慧（了因）與修行禪定（緣因）之觀念。

　　通過般若智慧及修行禪定，可使其「佛性」顯現，這「佛性」自然是指天生而有之種生佛性（亦即正因佛性）。換言之，離開佛種性（正因佛性），則不能有般若智慧與修行禪定，因為，若有能力進行般若智慧之實踐與修行禪定之實踐，必然預設了這能力是天生而有的，只不過它們是在一潛藏的狀態，在這意義之下，般若智慧與修行禪定之能力在未實踐之前，亦如佛種性般在一隱藏之狀態，潛沒於天生而有之佛種性之中。

　　一言以蔽之，借助後來的觀念來說，緣因佛性與了因佛性平常是吞沒於正因佛性之中而不顯，故此可從正因佛性分析出緣、了二因。分解地說，可有三因佛性，此是就隱顯之觀念而言；若綜合而言，則只有一整體之佛性，因地與果地之佛性在內容上並無不同，只有隱顯之分別。

⑴悟理成佛

竺道生所言之「悟理成佛」，正是就佛性由隱到顯之問題上而言的。究竟竺道生所「悟」之「理」是什麼「理」？「悟理」與「成佛」是什麼關係？「悟理」需要什麼條件？這與「般若智慧」有何關係？現處理這些問題。

依竺道生之意，所謂「佛」，就是「悟理之體」 ❸，換言之，「悟理」便可「成佛」，故此說「以理由解得，從理故成佛果」 ❹，亦可說「既觀理得（法）性，便應縛盡泥洹」 ❺：把煩惱盡滅，不再受之束縛而得泥洹。這就是「悟理」與「成佛」之關係──通過「悟理」（因）而成佛（果），得「泥洹」，由此便可說「佛為悟理之體」。所悟之理當然是指不生不滅之空理（參閱第二章第二節及本章第一節 1.），故此，了悟實相之法理，以此法理為成佛之依據，便能得寂滅之涅槃法身。這是就「悟理」或觀法得法身而言的。

若問：此「悟理」之悟、「觀法」之觀如何可能？需要有何條件？此即將「悟理成佛」之問題收於眾生之主體之能力上討論，即眾生有何能力「了悟」、「觀法」之實相而得寂滅之涅槃法身？（這即是「了因」的問題）即眾生有何能力悟理成佛？

依竺道生之意，佛就是極盡智慧者，即是把智慧極盡顯現，故此說「佛為至極之慧」 ❻。通過「智慧」，就可以達致「真我」 ❼，

---

❸　「佛為悟理之體。」（《注維摩詰經》，頁 360。）

❹　《大般涅槃經集解》，頁 547。

❺　《注維摩詰經》，頁 345。

❻　同上，頁 392。

❼　「智慧之額，致真我之珠也。」（《大般涅槃經集解》，頁 451。）

而「真我」即佛性（詳見本章第二節 1. (1)），故此，分析地說，通過「智慧」，可得「佛性」。進一步便可說「有慧，則是佛之法身」❶，因為通過智慧，可得佛性，智慧猶如燭光一般，把隱藏之佛性照耀、顯現出來，佛性顯現，便是法身（佛性隱，名如來藏；佛性顯，名為法身）。故此，簡言之，有「智慧」則可成「佛之法身」；「成佛」之條件是要「有智慧」。

(2)見第一義空見佛性

換言之，眾生有能力「悟理成佛」，其條件在於「有智慧」，有智慧方可成就法身，把隱藏之佛性顯現出來。這是一籠統的說法。究竟眾生如何通過智慧而觀法之實相，故此而見佛性得寂滅之泥洹？此則需要進一步交待。

依竺道生之意，若有智慧，可先要見「佛性體」是「不空」❷，因「佛性體」是一常、樂、我、淨之體段；「然后見空」，因為佛之體段是一寂滅之涅槃法身，故此是「空」寂無煩惱。對於佛來說，佛已體證之，故此既能「見空」及「見不空」，此乃「第一義空」。其他大菩薩與大乘學者，亦可得見之——「佛就是佛性」，佛以寂滅為性，佛性就是寂滅性，顯此寂滅佛性者便是佛，離開佛性則無有佛，故此佛是佛性。此寂滅佛性之體，乃是第一義空的——既是空、又是不空，所以「第一義空為佛性」。「空」是指

---

❶ 「經說佛慧，則慧在經矣。經苟有慧，則是佛之法身矣。」（《注維摩詰經》，頁 414。）

❷ 「佛性體也，要當先見不空，然后見空，乃第一義。第一義空，已有不空矣，佛始見之，故唯佛是佛性也。十住菩薩，亦得名見，下至大乘學者，又得名焉，所以舉第一義空為佛性者。」（《大般涅槃經集解》，頁 544。）

空寂無生滅、無煩惱;「不空」是指有常住之法身。

　　簡言之,通過智慧而觀法,便能兼見空與不空,所以,不偏見空、或偏見不空;故此,反過來便可說「不兼見,不名智慧」⓲。明白既能「兼見」,而不偏於一見,則成「智者」。有智慧的人(智者)可兼見「空及不空」、「常與無常」、「苦與樂」、「我與無我」⓳。能夠「不偏見」──不偏於見「空」、「無我」、「無常」或「苦」,卻能就「空」而見空,就「不空」而見不空(其餘「常與無常」等,亦復如是),此即是既見空、又見不空,即是「兼見」,此則名為「中道」,故此,反過來說,若「見一切空,不見不空,不見我者,不名為中道」,如此,「不偏見者,佛性體也」⓴。

　　換言之,佛性體是一不偏之中道,既空既不空,智慧能觀此中道,觀第一義空為佛果(佛性體)。若將此佛果(佛之體段)轉為因地,對眾生而言,此即眾生成佛之根據(正因佛性),這根據在平常是隱藏不顯的,不過通過「智慧」之觀(了因),便可把它顯現出來。換言之,佛性體是需要靠實踐智慧,方能使佛性體顯現而成佛,此即是依靠智慧而悟「理」成佛。從上分析,這「理」之具體內容是「第一義空為佛性」,這是正說、實說。

⑶觀十二因緣見佛性

　　若不從正面實說,而用轉彎指點之說,則可通過十二因緣或其他不即不離之中道來說「第一義空為佛性」。

　　雖然十二因緣不是佛性,但由十二因緣起觀智,如實地了見

⓲　同上,頁544。

⓳　「〔智者見空及不空、常與無常、苦之與樂、我與無我。〕明兼見者也。」(同上)

⓴　同上,頁544。

其「不常不斷」（或不生不滅）之中道❸，而無一偏執——既不執常、亦不執斷，此即契合佛性而見佛性，亦即證得佛性。所見所證得之佛性即是「中道」，故此不能偏見於「常」，因為「若常，則不應有苦」（同❸），但事實上眾生均有苦，此即表示「不常」；亦不能偏見於「斷」，因為「若斷，則無成佛之理」（同❸），但眾生均有成佛之根據，此即表示「不斷」。故此，這是不落二偏之「不常」亦「不斷」之中道。「如是中道觀者，則見佛性也」（同❸），因為如上一節所說，佛性是中道第一義空的，即是以寂滅之涅槃法身為佛性，因為佛以法為身，佛就是一寂滅之涅槃法身，故此，轉一個彎，通過觀十二因緣之「不常不斷」之中道觀，便見佛性（因為佛性就是寂滅的不常不斷之中道第一義）。

　　總上而言之，正面說的佛性乃中道第一義空；從十二因緣說起，乃是指點地說，非正面分解實說，因為十二因緣本身並非佛性，但由之則可見中道第一義空之佛性❹。雖是轉彎地、指點地說，若「思惟十二因緣，如此故得成佛」❺，因為「不違因緣理也」❻，「因緣理」就是「緣起性空之實相理」，既思惟十二因緣，便可從中體證「不常不斷」（等八不）之中道第一義空，亦即寂滅之涅槃佛性，既證佛性體（佛之體段），此即成佛，所以「思惟十二因緣」，則可成佛。

---

❸　「十二因緣為中道，明眾生本有也。若常，則不應有苦；若斷，則無成佛之理。如是中道觀者，則見佛性也。」（同上，頁546。）

❹　參閱牟宗三著《佛性與般若》，上冊，頁204-205。

❺　《注維摩詰經》，頁415。

❻　同上，頁415。

⑷於生死中證涅槃

以上「從中道第一義空見佛性」之方式是先見「不空」，然後「見空」，即是就「空」而見空、就「不空」而見不空，二者兼見──此乃一正面之分解說，進而可通過「十二因緣」之「不常不斷」（等八不）之雙遣之中道而指點地說。由此即可進入「相即地說」，因為「不常不斷」等只是一雙遣之方式，由此處一轉，可化成「相即地說」之方式，即以不捨不著一切法之方式來說，亦即由生死法之無常、苦、空、無我，而如實地說，不加任何執著，即於此而見不空（常、樂、我、淨）之大涅槃。

換言之，這是從「生死」證「涅槃」。依竺道生之意，所謂「涅槃」，只是一寂滅境界，故此他說「般泥洹，正名云滅」❶❼──「般」者，音譯，意即大也；「泥洹」者，即涅槃也；「般泥洹」即大涅槃。換言之，大涅槃只不過是一寂滅之名，但這寂滅並非離開煩惱、生死法而另有寂滅；這寂滅之大涅槃正是在煩惱、生死中而寂滅。若要逃避煩惱、生死法而證寂滅之涅槃者，此則為小乘之偏於空、無我、苦與無常，但大乘之證涅槃卻不是如此有所偏。

依竺道生之意，「大乘之悟，本不近捨生死，遠更求之也」❶❻❽。換言之，大乘之證悟涅槃是即於生死中而證悟涅槃，所以說「斯為在生死事中」及「苟在其事，而變其實，為悟始者，豈非佛之萌芽起於生死事哉」（同❶❻❽），簡言之，大乘就是在生死事中證悟佛性，使之起現萌芽。故此便可說不見生死異於涅槃，離開生死，

---

❶❼　同上，頁374。

❶❻❽　「夫不乘之法，本不近捨生死，遠更求之也。斯為在生死事中，即用其實，為悟矣。苟在其事，而變其實，為悟始者，豈非佛之萌芽起於生死事哉？」（同上，頁392。）

則不能證悟涅槃；如此類推，亦可說「不斷煩惱即入泥洹」，故此
說「不見泥洹異於煩惱」——離開煩惱法，不能另有泥洹；泥洹
就在煩惱法中當下證之，使之寂滅；若無煩惱法，則無所謂寂滅
之或不寂滅之；有了煩惱法，在此煩惱法之中，使此些煩惱法寂
滅，此才是泥洹之義。這亦是「中道」——不偏於煩惱生死，亦
不偏於寂滅涅槃，這是不捨二者而成佛，此即般若智之不捨不著
之方式而具足一切法（詳見第二章第一節　4.「般若具足一切
法」）。

　　故此，運用智慧，便可即就無常、苦、空、無我之生死事中
而得常、樂、我、淨之涅槃法身，這是智慧之活用，在生死事中
一轉而有常、樂、我、淨。

　　所以竺道生認為依智慧而通達因緣法，便可實見「常」、「樂」、
「我」、「淨」。此四者皆是圍繞寂滅涅槃而言的——「常」者，是
就「佛性常存」而言[169]；「樂」者，是就「知息因緣法之不生不滅」
而言[170]；「我」者，是就「真我」（佛性我）而言[171]；「淨」者，是
就「佛心清淨」[172]及「佛土清淨」[173]而言。此些常、樂、我、淨，
皆是依智慧而實觀之，不加任何執著，便可復見此些涅槃四德。

(5)智解斷煩惱

　　總上而言，成佛之根據——佛種性乃是從成佛之體段（佛性
體）倒轉為因地，成為眾生之客觀必然之根據（正因佛性），此有

---

[169]　「雖復受身萬端，而佛性常存。」（《大般涅槃經集解》，頁 454。）
[170]　「既達因緣法，則知息之，為樂矣。」（《注維摩詰經》，頁 416。）
[171]　「以智慧之鑕，致真我之珠。」（《大般涅槃經集解》）
[172]　「慧心明淨，則見功德莊嚴。」（《注維摩詰經》，頁 338。）
[173]　「依佛智慧，則能見此佛土清淨。」（同上）

賴實踐智慧（了因）把佛性顯現出來。但是，平常佛性不顯，皆因被煩惱結縛所覆，而智慧有斷煩惱結縛之作用。故此竺道生曰：

> 垢重故智少也。❹
>
> 除惑乃見〔寶藏〕。❺
>
> 於縛得解，是見諦之功。❻
>
> 夫有煩惱出於惑耳，便應觀察法理，以遣之也。❼
>
> 慧亦二種：一為觀理伏心，二為於觀結盡。❽
>
> 必逾煩惱，患滅，修得一切智也。❾

在此，「垢」、「結」、「惑」、「縛」、「煩惱」等，均是同類詞，同是圍繞「煩惱」一義而言。「垢」是從煩惱之性質而言，強調它是不淨的、污染的；「結」與「縛」則是從煩惱之作用而言，強調它能綑綁眾生，如死結或束縛般，使眾生不得解脫；「惑」則是從煩惱之根源而言，強調它是眾生煩惱之來源，因為不悟不解，故此是迷惑、迷失，而有煩惱；「患」則是從煩惱之價值性而言，強調它是有害的、禍患的。

依竺道生之意，煩惱與智是互相排斥的，所以說「垢重故智少」（同❹），反過來可說「智多故垢輕」，所謂污垢之煩惱，其實

---

❹ 　《大般涅槃經集解》，頁 407。

❺ 　同上，頁 449。

❻ 　《注維摩詰經》，頁 350。

❼ 　同上，頁 386。

❽ 　同上，頁 378。

❾ 　《妙法蓮花經疏》，頁 818。

是「出於惑」（同❼），皆是不明緣生之法理而有所執著，故此引致煩惱，需要運用智慧「觀察法理，以遣之也」。這「智慧」有兩種：一是「觀理伏心」（同❼）——觀緣生之法理使內心得以調伏，由此可有第二種智慧：「於觀結盡」（同❼）——既能運用智慧「觀理」，明白「緣起性空」之實相理，自然不會再起生滅之偏執，故此可以「於觀結盡」，即是從「觀」法理而使結縛般之煩惱盡斷，故此說「於縛得解，是見諦之功」（同❼）。

換言之，眾生之所以能夠從結縛之煩惱中解脫出來，全是由於「見諦」，見緣起性空之實相之真諦之功用。既然已超越一切煩惱，不被煩惱蒙蔽綑綁，一切智慧都能盡顯，亦即「得一切智」（同❼），故此說「逾煩惱」、「患滅」之後，「終得一切智也」。把迷惑人之煩惱除去之後，便能見「寶藏」（如來藏）（同❼）。這是指自身之佛性未顯之前如寶藏般隱藏不顯。若運用智慧，便能得見自身如來藏之佛性，使這佛性顯發出來（成佛）。

故此，竺道生正式把「成佛」與「智慧」的關係表明——若運用智慧，便能體證「泥洹」（寂滅之涅槃）❿，亦即成佛。智慧是眾生之主體作用，泥洹是眾生所證之境，通過「觀理」，便能得「性」——法性（亦即空性）❿，這「性」是一切法之性，諸法如是、眾生自身亦如是（空無自性），此是實相，而實相是一相，即所謂無相，亦即寂滅相，如此便是證得寂滅之涅槃，此即是法身，即是成佛。一言以蔽之，「泥洹是智之所證也」（同❿）。

(6)無分別之般若智慧

以上屢言「智慧」，究竟這「智慧」實指何義？

---

❿　「泥洹是智之所證也。」（《注維摩詰經》，頁348。）
❿　「既觀理得性，便應縛盡泥洹。」（同上，頁345。）

竺道生所言之智慧，是指「空慧」而言⑱。所謂「空慧」，即悟空之智慧，亦即般若，故此說「空」是「慧之所為」⑱——智慧所為之境是「空」。「空」是諸法之存在狀態——無有自性，沒有本體，故此是「空」（參閱第二章第一節）。

分解地說，智慧與空為二，智慧是悟空之般若。但般若智慧是無分別之智慧，故此必要把「智慧」與「空」之分別化掉，「智慧」是主體之作用，它可代表主體，「空」是所證之境，它可代表客境。換言之，最終要把此主客之對立、智境之分別消融。

故此，建基於「般若非分別之智慧」之前提上，竺道生說「向言空慧者，非謂分別作空之慧」⑱。由這個前提，便可與所證之境「空」相契，結二為一。因為「空」自身亦是非分別的，是一絕對之實相境界，無有分別之相，故此，若以為「空似有相」⑱，這便是虛妄，因為「空」若「有相」，便變成「與餘事有分別」（同⑱）——與其他事物有所區別，但「空」並非有分別的。

由於「空」不是有分別之相，而「空慧」亦非一分別之智，故此無分別之智便能契合無分別之相，這便能體證實相一相、一相無相、寂滅相、無分別相。這是「任理得悟者耳」（同⑱），否則「空」是有分別的，但慧卻無分別，如此，異質之主客、智境何能契合？故此說「空苟分別而慧不分別者，則空與慧異矣」

---

⑱　「言要當以空慧」。（同上，頁 373。）

⑱　「自有得解之空慧，此空即是慧之所為。」（同上，頁 373。）

⑱　「向言空慧者，非謂分別作空之慧也，任理得悟者耳。」（同上，頁 373。）

⑱　「既空之言，空似有相，有相便與餘事有分別也。空苟分別而慧不分別者，則空與慧異矣。空既異慧，復不從慧來也。」（同上，頁 373。）

（同⑱）。既然「空」與「慧」變成異質，這表示所悟之空「不從慧來也」（同⑱）。

　　一言以蔽之，必要「空」與「慧」同質——同是無分別的，才能了悟真正之空，才能發揮真正之智。最終把任何有分別的對立化掉，包括證境（般若）與所悟（之空）之主客對立也消融，到達一絕對圓融境界。

⑺修行得般若

　　總結來說，既然般若智慧是成佛之條件之一，則眾生應當修行，以得般若。

　　依竺道生之意，「智解十二因緣是因佛性」⑱——若能了悟十二因緣，這就是見現佛性之因，即是「因佛性」。在此，竺道生把「智解作為因佛性」之觀念進行分析，故此分之為二：㈠理為佛因，㈡解為理因。所謂「理為佛因」是指觀十二因緣，而得「中道第一義空為佛性」之理（參閱本章第二節 2. ⑵）），故此，由於「真見（十二）因緣，然后（佛）果成」⑱，即是從十二因緣之理，可成佛果，在此意思之下，「十二因緣」之理是成佛之因，由此便可說「理為佛因」，這是第一層意思；而第二層意思則是「從解」，「從解」便可順理，順理便可得佛果，在此意義下，從解是順理之因，若有理而不悟解者，則不能成佛，故此，若「理是佛因」，則「解」是「因之因」——即因上之因。

---

⑱　「智解十二因緣是因佛性也，今分為二：以理由解得，從理故成佛果，理為佛因也；解既得理，解為理因，是為因之因也。」（《大般涅槃經集解》，頁 547。）

⑱　「向明十二因緣觀智，該取因時，名為佛性……真見因緣，然后果成者。」（同上，頁 547。）

換言之，既要有客觀之佛性作為成佛之條件（按：此即「正因佛性」），但亦要眾生個別實踐「觀智」（按：此即「了因」），二者均是必要條件，缺一不能成佛。

故此，分清了「智解為因佛性」有兩層意思後，竺道生必定提出要求眾生修習般若智（了因），故此說「謂不修無常想，則無般若；般若既無，則無解脫」❿。他勸眾生修習「無常想」（禪定之一種），目的是為了得「般若」，因為若無般若，則無解脫；若不能解脫，「豈得入涅槃乎」（同❿），亦即不能成佛。

3.應有緣論㈡

1.「佛性當有」討論眾生成佛之客觀根據（即「正因佛性」之觀念）；2.「悟理成佛」處理眾生成佛之主觀條件——實踐智慧（即「了因佛性」之觀念）。在此，3.「應有緣論」，則展現眾生成佛之另一主觀條件——實踐修行（即「緣因佛性」之觀念）。

實踐智慧（了因）與實踐修行（緣因），二者均是眾生之實踐，均是就於不同的個體（主體）身上而言，二者均是顯現（正因）佛性之條件。但「智慧之實踐」是屬於觀法的、觀念的（相類似「知識」的）；而「修行之實踐」則是偏重於禪定打坐等具體之宗教活動，此較為屬於「實踐底實踐」❿之觀念。

證成了眾生有必然之種生佛性（正因）之後，亦論證了需要智慧觀法（了因）而使佛性顯現，繼之而來，必定要論述眾生為何要實踐修行（緣因）。究竟眾生若不實踐修行又如何？眾生實踐修行前之形態如何？與實踐修行後有何分別？此些問題便是實踐

❿　同上，頁402。
❿　參閱牟宗三著《佛性與般若》，上冊，頁196。

修行之理據。

換言之，此篇所處理之「應有緣論㈡」，嚴格來說是「應該有條件（緣）之論」，這是從成佛之因地，在眾生未成佛之前所面對之實踐問題。故此，這與本章第一節 2. 之「應有緣論㈠」不同，嚴格來說，這一篇是指「感應眾生之機感之論」，這則是從成佛之果地，在成佛之後，討論成佛依何形態方是究竟之問題（故此「應有緣論」分為兩篇）。

⑴眾生之存在形態

眾生未成佛之前，必然是在「三界」 ❶⓿ 之內，在三界之內，眾生皆有身，故此合起來便成「三界之身」一語。依竺道生之意，這「三界之身」是「邪見之宅，為惡所止」 ❶⓾⓵ ，邪見以眾生之身為住宅，邪惡亦以此肉身為依止之處。簡言之，眾生之身是一邪見的、邪惡的住處。若追索此身之存在根源，則發現「身本從癡愛而有」 ❶⓾⓶ ：身軀是由父母之癡愛色慾而產生的結果；而「癡愛是眾生染病之源」 ❶⓾⓷ ：眾生既來自「癡愛」，則眾生之身皆是一染病之存在體，故此說由四大經驗元素（地水火風）合成之身，可引起各種病患，即是說「身心本是四大合之所成……而四大各起百一諸病」 ❶⓾⓸ 。

由此再進，便可形容眾生之身是一「八苦之聚」 ❶⓾⓹ 。「八苦」

---

❶⓿　「三界」是指欲界、色界、無色界。

❶⓾⓵　《大般涅槃經集解》，頁396。另外，經中亦曰：「邪見是受身之本」（同上）。

❶⓾⓶　《注維摩詰經》，頁350。

❶⓾⓷　同上，頁372。

❶⓾⓸　同上，頁374。

❶⓾⓹　同上，頁375。

是指「生苦」、「老苦」、「病苦」、「死苦」、「愛別離苦」、「怨憎會苦」、「求不得苦」及「五陰熾盛苦」 ⑯。簡言之，眾生之身是由八種苦之性質所聚合而成的。最後，竺道生便可據此些眾生之「苦態」而「勸」眾生實踐修行，故此說「八苦之聚，尤不可戀」（同⑮）。

一言以蔽之，眾生成佛之前，其存在的形態都是醜陋的：既充滿邪見、惡毒，亦不過是由八種苦所聚合而成。從現實之觀察上，此些性質很容易察見。若要斷除此些醜陋的性質，則必進至實踐修行（緣因），這便是實踐修行之理性根據。

⑵修行成佛

從實踐智慧（了因），只能得一觀法上、智慧上（相類似於「觀念」上）之解脫，但眾生之身依然受以上之醜陋性質所綑綁，把眾生之佛種性（正因佛性）遮掩而不能顯，故此必於「智慧」（了因）與「佛種性」（正因）此二觀念之外，再提出一實踐之觀念，勸導眾生實踐修行（此即「緣因」）。

所以，依竺道生之意，由於心如「放逸之馬，難可禁制」 ⑰，故此，這「無惡不作」之心，使眾生在「生死」之波浪中流來流去，不能「出其境」——不能脫離生死輪迴之範疇。故此，若想「自拔」自救，從生死之苦海中超拔出來，必「要在伏而調之」——把持自己的心，使之得以調暢、得以順伏。所謂「調伏」，即是一實踐修行之觀念，要求眾生克制、調適、順伏一己無惡不作之心。故此，竺道生進一步說「調伏，除其所惑之有」 ⑱——若

---

⑯　見劉貴傑著《竺道生思想之研究》，頁39。

⑰　「夫心為事馳，無惡不作，譬猶放逸之馬，難可禁制，是以波流生死，莫出其境，將欲自拔，要在伏而調之。」（《注維摩詰經》，頁375。）

⑱　同上，頁377。

能調適順伏一己之心，便能把屬於迷惑而有之所有事物斷除；反過來說，「非調伏，則不免三惡道」（同⑱）：若不肯實踐修行，必永遠留於「三惡道」（地獄道、餓鬼道、畜生道）之境界內。

換言之，若能「調伏」（實踐修行），便能超越三惡道，進而超越三界，即是成佛。故此，竺道生正式將實踐修行與成佛的關係表明——將修行與佛性、佛身、佛淨土等之關係顯示出來。即是說：若能將結縛迷惑之覆蓋除去，眾生便可「見佛性」⑲——見其如來藏之種生佛性。欲要體會此「實相法」（眾生即佛性、佛性即眾生），則必定要「積功德」⑳——通過實踐修行，累積功德之後，便能體會實相之法。故此，「行於法者，得佛身也」㉑：若能於法理之中活動、修行，便能得「佛身」，即是成佛。通過實踐禪定之修行，所得之身是一「淨命」之身，即是說「淨命為禪之巧功」㉒，故此不再得三惡道中之邪惡身。既能「調伏」（修行），例如修「十善」㉓，便可得「身、口、意」清淨，這是得淨土之「本」（根據）㉔，故此，進一步便可因「調伏」而得「七珍土」㉕：珍貴之佛土。

一言以蔽之，依竺道生之意，通過實踐修行，例如禪定、十

---

⑲　「除結惑之覆，為掘見佛性故。」（《大般涅槃經集解》，頁449。）

⑳　「要積功德，然后會〔實相法〕矣。」（《注維摩詰經》，頁415。）

㉑　同上，頁343。

㉒　同上，頁395。

㉓　「十善」是指不殺生，不偷盜，不邪淫，不妄語，不兩舌，不惡口，不綺語，不貪，不嗔，不癡。

㉔　「修於十善者，會上諸行，成身口意淨，為淨土之本也」。（同上，頁334。）

㉕　「彼不容無調伏，若不調伏，則無七珍土。」（同上）

善、調伏（心），便能見佛性，得佛身、心、口、意淨而得佛淨土。這就是實踐修行（緣因）而成佛了。

⑶小　結

　　總結本章第二節竺道生之「佛因觀」來說，成佛之因需要三個條件：佛性當有（正因），悟理成佛（了因）及應有緣論（緣因）。分解地說，三個條件各自都是一必要條件 (Necessary Condition)，缺一不能成佛——「佛性當有」是眾生之客觀根據，眾生皆有佛種性，無之不能成佛；「悟理成佛」是眾生實踐智慧，使潛藏之佛種性顯現，無之不能見佛性而成佛；「應有緣論」是眾生實踐修行，去掉肉身之邪惡之結縛，無之不能使佛種性之清淨無染性全然朗現。

　　故此，分別地說，三因各自是必要條件。若三個條件合起來，便可充分地使眾生成佛。換言之，三因合起來便是成佛之必要及充分條件 (Necessary and Sufficient Condition)。

三、成佛之過程——方法論

　　第一節顯明成佛之形態(佛身觀)，第二節展示成佛之根據(佛因觀)，現在第三節「成佛之過程」，將佛之果地與佛之因地接上，顯示因果兩地之關係，這便是成佛之「方法論」問題——在此涉及「修行成佛」之前提與「成佛之步驟」等問題。

　　若要「修行成佛」，此觀點建基於一更根本的前提：行善有善報，受善報成佛。故此，首先面對的問題是「行善是否有善報」。若「行善沒有善報」，則眾生不必修行，因修行亦無成佛之善報；若「行善受善報」，又為何竺道生卻有「善不受報」之觀點。其所

言之「善不受報」之確義如何? 又與「善受善報」之關係如何?
1.「善不受報㈡」中，便是處理竺道生對「行善會否受報」之觀
點討論。

　　解決了此最基本的前提，可進一步在此基礎觀念上，討論成
佛的方式如何進行──成佛是頓悟而成的，還是漸悟而至的? 究
竟「頓悟成佛」與竺道生之「理論基礎」有何關係? 如何能夠從
「般若實相觀」或「法理觀」之前提下推出「頓悟成佛」之創見?
此創見又為何與時人有爭辯之處? 又「頓悟」與「漸悟」二者是
一互相排斥的觀念，還是互相相容、補足之觀念? 這是第 2 項「頓
悟成佛」之問題。

1.善不受報㈡

　　若從「果地之佛性」(buddha-dhātu) 而言，佛已脫離生死輪迴
之因果範疇，故此，佛是「善不受報」(詳見本章第一節第 4 項)。
⑴善有善報，惡有惡報
　　但是，對於未成佛之眾生而言，則尚在生滅輪迴之因果報應
當中，依然是「善有善報，惡有惡報」。竺道生亦同意此觀點。
　　依竺道生之意，「行善」本來就是為了要「得道」❻──得佛
家之道（理）❼，因為得道理（法）便可成佛（詳見本章第一節
1. 及第二節 2.)，結果可以「度世」──從眾生世界超度出來。簡

---

❻　「行善之時，本為得道度世。」(《注維摩詰經》，頁 375。)
❼　「道」即是「理」。竺道生曰：「背道非實，名為凡夫」(《大般涅槃
　　經集解》，頁 545) 及「理深道妙，不可輕說」(《妙法蓮花經疏》，頁
　　826)。在此，「道」者，真理義，這與「理」的意思同義。故此，「道」
　　即是「理」，亦即「道理」。

而言之，「行善」就是為了得「度世」之果報，這就是「善受報」
之義。

故此，進一步便可具體地說明「行善」是有不同的階段❷❽：
一切善法是「始於信，終於道品」——開始之時是信仰一切善法，
最終便能得道，而這行善的階段可分為「初善」、「中善」及「後
善」❷❾；「初善」可得「聲聞」道，「中善」可得「辟支佛」果，
「後善」可得「菩薩」道。每一條「善根」，甚至是「一毫」之微，
只要「殖」之，把它好好培養，便能「積」而「成道」，故此說「殖
諸善根，一毫一善，皆積之成道」❷❿。換言之，若要說明不同階
段之善行所得之果報，必然是預設了「善受報」之觀點，這是一
分析地真之說法。

由此再進，既然「善受報」之觀點成立，那麼，與「善」相
對之「惡」亦應受報，即「惡受報」之觀念亦應成立。

依竺道生之意，順《法華經》之全善，「則無福而不集」❷⓫，
反過來說，逆《法華經》之全善，「則無惡而不有」。此處很清楚
肯定「善有善報，惡有惡報」之觀點，故此竺道生說明這是為了
「廣列罪福之報」（同❷⓫）。所以，「邪見」的人，必得「邪見之報」
——「墮在三惡道」（地獄、餓鬼、畜生）之中❷⓬；那些「惡人」

---

❷❽　「〔一切善法也。〕始於信，終於道品。」（《注維摩詰經》，頁 367。）

❷❾　「初善謂聲聞，中善謂辟支〔佛〕，後善謂菩薩。」（《妙法蓮花經疏》，
　　頁 805。）

❷❿　同上，頁 808。

❷⓫　「《法華經》者，無義而不包，無善而不備。若順之者，則無福而不
　　集；若逆之者，則無惡而不有，故廣列罪福之報，以斯意也。」（同
　　上，頁 813。）

❷⓬　「報應影響，若合符契。苟施邪見之人，則致邪見之報，而墮在三

——即「不善心」的人，亦會「至其罪甚重」**❷❸**。

⑵善不受報

　　總上而言之，無論是「善」是「惡」，二者均有果報。但是，為何竺道生卻有「善不受報」之觀點。現在所討論「善不受報」之問題，不再是（本章第一節 4.）從「成佛之果地」而言，而是從「眾生之世界」而言。竺道生既接受佛家之因果論（「善有善報」）之觀點，卻又為何說「善不受報」?

　　這是涉及「行善」與「福報」之關係之問題。究竟二者是什麼關係? 是分析的關係 (Analytic Relation)，還是綜合的關係 (Synthetic Relation)? 若是「分析的關係」，此則表示從「行善」之觀念必然邏輯地分析出「福報」的觀念，如此必然推出「善受善報」之觀點。若是「綜合的關係」，此則表示「行善」與「福報」只是一經驗上之偶然關係，而非一邏輯之必然關係，由此可推出「善不（必）受報」之觀點。究竟竺道生探取什麼觀點? 竺道生曰：

　　　　因善伏惡，得名人天業，其實非善是受報也事。**❷❹**
　　　　畜生等有富樂，人中果報有貧苦事。（同上）

　　依佛家之說，眾生世界分為天、人、阿修羅、地獄、餓鬼、畜生，合稱為「六道眾生」或「六趣」。如何決定眾生落入那一「趣」? 一般說法是由眾生之善惡行來決定其果報，這是佛家之通義——行善者得人或天之善報; 行惡者得地獄、餓鬼或畜生之惡報。

　　　　惡道也。」（《注維摩詰經》，頁 351。）
❷❸　「若有惡人以不善心，至其罪甚重。」（《妙法蓮花經疏》，頁 823。）
❷❹　《續藏經》第一三四冊，頁 15。

　　但竺道生卻說，所謂「因善伏惡」——因應善而行善、調伏惡而抑惡，只是「人天業」——人與天之活動而已，卻並非「善受報」之義。竺道生提出此觀點是建基於經驗世界之觀察而言的——「畜生等有富樂，人中果報有貧苦」，即是在「人」趣之中，有些人是受貧苦之惡報；而在「畜生」趣之中，有些畜生是受富樂之善報。

　　換言之，若「因善伏惡是善受報」，此則應推出「人」趣中之「人人」與「天」趣中之「天天」都應受富樂之善報，因為「人」或「天」皆是「因善伏惡」（行善）後所得之善報，既然是「善報」，則應「人」與「天」同受富樂之善報；同樣，如此類推，「因惡伏善是惡受報」，此則應推出「地獄」、「餓鬼」、「畜生」三趣都應受貧苦之惡報，因為此三趣皆是「因惡伏善」（行惡）後所得之惡報，既是「惡報」，則應此三惡趣同受貧苦之惡報。

　　但是，事實上，經驗上卻不是凡「人」（或「天」）皆受富樂之善報，有人一生「因善伏惡」，卻得「貧苦」之惡報；同樣，不是所有「畜生」（或「地獄」、「餓鬼」）皆受貧苦之惡報，事實上有些畜生卻極受愛寵，一生受「富樂」之善報。故此，從現實之觀察上，則可否證「善受報」之觀點；反過來說，此則證成了「非善是受報」之說，亦即證成了「善不受報」。所以竺道生只說「因善伏惡，得名人天業」——行善只不過是人天之活動，而非「善受報」——行善並非必然受善報。

　　經過以上分析後，若嚴格地說，竺道生所言之「善不受報」其實是「行善不必然受善報」之意，這是在經驗觀察上顯而易見之事實。其實，如此類推，亦可說「行惡不必然受惡報」，這是站在現實世界之實際情況而言的，是一客觀的事實。一言以蔽之，

竺道生所接受的是：在現實世界中，「行善」與「福報」，二者是綜合的關係；換言之，「行善」既可受「福報」，但亦可「行善不必然受善報」，甚至可受貧苦之惡報。

⑶「善有善報」與「善不受報」

以上分析了「行善不必然受善報乃是從現實觀察上而言的」，若進一步追問：「善不受報」與「善有善報」之關係，二者是否互相矛盾的觀點?「善有善報」乃佛家共許之因果論之前提，若此前提不成立，則一切實踐修行變成沒有必然之保證，佛家只能成就一套哲理，而非一實踐之宗教。竺道生證成了「善不受報」之論點，是否表示因此而破斥「善有善報」之前提?

現借助邏輯之形式推理處理以上之問題。現設

p_1：行善	p_2：行惡	→：表示
q_1：善報	q_2：惡報	+：結合
r_1：人天趣	r_2：地獄、餓鬼、畜生趣	∨：或
s_1：富樂	s_2：貧苦	∴：及

首先處理「善受報」之問題，再處理「惡受報」之論點。依佛家之通義，可將其共許之前提與推論列出，如頁131。

若接受佛家因果論之共許前提：

⑴善受善報

⑵受善報成人天

⑶受善報得富樂

則可分析出以下之推論及結論：

⑷行善成人天

⑸行善得富樂

⑹受善報可成人天或得富樂

⑺行善可成人天或得富樂

⑻行善受善報可成人天或得富樂

⑼行善受善報成人天或行善受善報得富樂

在此，第⑼之結論是「行善受善報成人天」或「行善受善報得富樂」。換言之，只要「成人天」或「得富樂」，這已是「行善受善報」。故此竺道生亦說「或受人天，而計之為福」❹——即是，若受報成人或天，這已算是福報，並不一定是成「富樂的人天」才算是善報。若既「成人天」，又「得富樂」，這當然亦是「行善受善報」，因為「成人天」與「得富樂」二者不是互相矛盾的概念，而是二者可結合成「得富樂之人天」（第⑼之結論是一種弱性之析取——Weak Disjunction）。

❹ 《大般涅槃經集解》，頁 418。

	邏輯符號	邏輯語言	日常語言
前提	(1) $q_1 \rightarrow p_1$	若受善善報，則必行善	（善受善報）
	(2) $r_1 \rightarrow q_1$	若成人天，則是受善報	（受善報成人天）
	(3) $s_1 \rightarrow q_1$	若得富樂，則是受善報	（受善報得富樂）
推論	(4) = (1) + (2)　$r_1 \rightarrow p_1$	若成人天，則必行善	（行善成人天）
	(5) = (1) + (3)　$s_1 \rightarrow p_1$	若得富樂，則必行善	（行善得富樂）
	(6) = (2) + (3)　$(r_1 \lor s_1) \rightarrow q_1$	若成人天或得富樂，則是受善報	（受善報可成人天或得富樂）
	(7) = (4) + (5)　$(r_1 \lor s_1) \rightarrow p_1$	若成人天或得富樂，則必行善	（行善可成人天或得富樂）
	(8) = (6) + (7)　$(r_1 \lor s_1) \rightarrow (p_1 \cdot q_1)$	若成人天或得富樂，則是行善受善報	（行善受善報可成人天或得富樂）
結論	(9) = $[r_1 \rightarrow (p_1 \cdot q_1)] \lor [s_1 \rightarrow (p_1 \cdot q_1)]$	「若成人天則是行善受善報」或「若得富樂則是行善受善報」	（行善受善報成人天或行善受善報得富樂）

　　由以上的分析，可正面解答竺道生所提出的現實問題——就算引證「有人受貧苦之惡報」（即「人中果報有貧苦」）之事實，亦不能否證(1)至(3)之前提。因為從這三個前提所推出的結論(9)是：

　　　　「行善受善報成人天」或
　　　　「行善受善報得富樂」

　　換言之，只要「成人天」——成人或天之形相，這已是善報。第(9)之結論並不蘊涵「成人天」後必然同時「得富樂」，這表示「成人天」後可不得富樂（反而得貧苦），卻與結論(9)沒有矛盾。簡言之，引證「有人受貧苦之惡報」之事實，並不能推翻(1)至(3)三條前題。故此，在這分析下，「善有善報」之前提依然成立，這與竺道生所提出「善不受報」（在現實世間中行善不必然受善報）並不矛盾，因為在現實世間上，「行善」與「福報」二者只是一綜合的關係。故此，若不局限於現實世間上，而把這些「業」（活動）擴展至過去世與未來世者，則「行善必然受善報」之前設依然成立。

　　以上分析了「善有善報」與「行善不必然受善報」之關係；同樣，如此類推，亦適用於「惡受惡報」與「行惡不必然受惡報」之關係。綜合以上的分析，現可用圖表示：

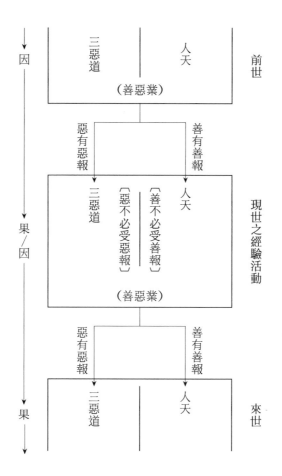

　　總結來說，從現世之經驗活動來看（圖中之方格內），「行善」（或「行惡」）與「福報」（或「貧苦」）之關係是綜合的，非分析的，故此竺道生說「因善伏惡，得名人天業，其實非善是受報也」。但撇開現世之經驗上來看，從三世因果關係而言，則佛家之因果論依然成立，「行善得善報」，「受善報得人天趣」；「行惡得惡報」，「受惡報成地獄、餓鬼或畜生趣」。

如此，便是不捨不著「善受報」之觀點。竺道生之強調「善不受報」，其意在於掃蕩「貪報」 ❹、「貪樂」 ❹。因為佛家所談之「無為法」（寂滅無活動之理法），已超出眾生之經驗世界，卻無現實上之功利福德——即「無實功德利」，故此說「無為是表理之法，無實功德利」（同❹）。因此，所談之「無為法」一定要目標指向「果報」之「凋謝」，不再在生滅輪迴中受報應，這才算是「功成事遂」 ❹。

基於此，在「有為」之生滅世界中，其「貪樂」——貪圖世間之富樂是「無窮」無盡的，這與無求無活動之「無為法」相違。同樣，若「行禪」是為了「貪報」，此則變成執著於「有昧」之禪法，變成迷惑，此即「報必惑」矣，而這迷惑之綑縛全在於生「貪報」之念頭（同❹）；故此，「若能不望功德」，不「貪報行禪」，則什麼也擺脫了，亦即「捨之極」也❹，這才合「無為法」。一言以蔽之，這是以般若蕩相遣執、融通淘汰之精神掃蕩執著「善受福樂之報」。

2.頓悟成佛

竺道生之佛性論之理論基礎是般若實相觀、法理觀（參閱第二章）。換言之，其「頓悟成佛」之創見，亦是建基於此基礎之觀念。故此，若要明白竺道生如何推出「頓悟成佛」之創見，我們

❹ 「貪報行禪，則有昧於行矣。既行有昧，報必惑焉。夫惑報者，縛在生矣。」（《注維摩詰經》，頁378。）
❹ 「貪樂是無窮法，為有為也。」（同上，頁357。）
❹ 「果報既謝，則功成事遂。」（《妙法蓮花經疏》，頁820。）
❹ 「若能不望功德之報，捨之極者也。」（《注維摩詰經》，頁385。）

可從其最基礎之觀念回顧。

　　首先，讓我們回顧竺道生之「法理觀」之最重要之前提。竺道生曰：

> 理如所談，唯一無二。❷❷⓪
>
> 理不可亡。❷❷①

　　竺道生所言之「理」，是指實相理而言（詳見第二章第二節）。在此，他注解「第一義諦」，就是以「理」之觀念等同之。換言之，最高之真理「第一義諦」就是「理」——實相之空理。他所談及之「理」，其性質是「唯一無二」的——「唯一」之「一」是絕對之一，「理是一」之「一」並非經驗事物之數量報告，這「一」是「絕對」(Absolute) 之意，「理是一」等同於「理是絕對」，唯一無二；故此可進一步說「理不可亡」——理之不存在是不可能的，（存在之法）「理」不能有一刻不存在，故此它與經驗事物之「一、二」之「一」不同，皆因此些具體存在之經驗事物，其不存在是可能的。

　　基於這個「理是一」之前提，則可與成佛之關係接上。般若實相觀是觀理法；把這觀應用於涅槃佛性上，則有「法身觀」（參閱本章第一節 1.(4)「般若實相與涅槃法身」）。

　　竺道生是以「理是一」之前提應用於描述「佛」之性質。因為「佛為悟理之體」❷❷②，佛以「理」作為成佛之依據（參閱本章

---

❷❷⓪　《大般涅槃經集解》，頁 487。

❷❷①　《妙法蓮花經疏》，頁 827。

❷❷②　《注維摩詰經》，頁 360。

第二節 2. (1)「悟理成佛」)。故此,「理」之性質亦是（如來）佛
之性質,所以「理必無二」、「常一」❷❷❸、「妙一」❷❷❹;而如來則是
「道一」（同❷❷❸）、「一極」（同❷❷❹）。一言以蔽之,「佛」與「理」
之性質相同,都是「無二」、「無三」、「常一」、「妙一」或「一極」。

以上顯明果地中之佛性（buddha-dhatū 之第一義,參閱第一
章第三節 2.）與理之性質相同。若要成佛,其中之一之主觀條件
（了因）是「悟理」,「悟理」方能成佛（參閱本章第二節 2.）。分
解地說,眾生需要「悟」佛家實相之理,方能成佛。由此便需要
對「悟」之觀念進行分析——此「悟」乃是以般若智慧了悟寂滅
之空理。在本章第二節 2.「悟理成佛」之中,已顯示了竺道生之
「悟空」之觀念:「空」是無分別之理,「悟」是無分別之智慧,
以無分別之智慧契合無分別之理（詳見本章第二節 2. (6)「無分別
之般若智慧」）,便能直證寂滅的、不一不二之絕對實相,即是體
證涅槃,亦即成佛。

在「智與空皆是無分別的」觀念下,便可明白竺道生說:

以不二之悟,符不二之理。❷❷❺

這是慧達在《肇論疏》之中轉述竺道生之「頓悟」義。簡言
之,「悟」是「不二」的,「理」亦是「不二」的,即是「悟」與

---

❷❷❸ 「反而悟理,理必無二。如來道一,物乘為三。三出物情,理則常
　　一。」（《妙法蓮花經疏》,頁 818。）

❷❷❹ 「佛為一極,表一而出也,理苟有三,而亦可為三而出。但理中無
　　三,唯妙一而已。」（同上,頁 807。）

❷❷❺ 《續藏經》第一五〇冊,頁 425。

「理」的性質都是「不二」的——無分別的，以無分別之悟來符合、契合無分別的空理。

⑴悟解與信解

以上從「空理無分別」之觀點，進而顯示「了悟之智慧亦是無分別的」，這是就「契合空理」之觀點而言。但是，若從「悟理之方式」之觀點而言，則需處理「頓悟或漸悟」之問題，亦即對「悟」（即「悟解」）進行分析，此即進而要釐清「悟解」之特性，同時亦需要澄清「悟解」與「信解」在性質上之不同。這才能清楚了解竺道生所言「頓悟成佛」之觀點。

首先，竺道生區分「悟」與「信」。依他之意，「悟」是「見解」❷❷⑥，需要自身有所見，才能得解，「悟」是「懷悟於內」❷❷⑦的，即是眾生自身內在地自悟（真理），故此，般若智慧必是以「內解為用」❷❷⑧，而不是靠外信。

與「悟解」相對的觀念是「信解」，分析地說，所謂「信」，是指相信別人所說的話（真理），這「信」是外向的，必須依靠別人有所說（真理），自己才可以有「信」或「不信」的決定。在本質上，「悟」與「信」的性質不同，「信」是被決定，被別人之說所主宰——別人有所說，自己才有「信」與「不信」的機會；若別人無所說，則表示「信」或「不信」的機會均沒有。而「悟」則不同於「信」，雖然「悟不自生，必藉信漸」（同❷❷⑥），這只是描述開始之時，眾生在什麼也不知道的情況下不能莫名其妙的自有

---

❷❷⑥　「見解名悟，聞解名信。信解非真，悟發信謝……悟不自生，必藉信漸。」（同上，頁425。）

❷❷⑦　「懷悟於內，發解於外。」（《妙法蓮花經疏》，頁809。）

❷❷⑧　「智慧以內解為用。」（《注維摩詰經》，頁393。）

悟解，故此說「悟不自生」，這時需要借助「信漸」，由起初相信別人所說（之真理）而漸漸接近真理，在此，「悟」只是「藉」（即借助）「信」，而不是完全依賴「信」，因為儘管外人如何清晰說理，此些外在條件不是必然之根據來保證眾生必能了悟，若是要悟，則悟於「內」，而非「外」。

換言之，開始「信」的階段後，其最後之階段，必不再依賴「信」——依靠別人之說，而是要將方向改轉，不再向外依於人，而是向內而「悟於內」，這才是「悟」，才是解。故此，到了能夠「自悟」之後，「信解」之過渡作用、工具作用即告結束，必需退卻，故此說「信解非真，悟發信謝」（同❷）——「信解」並非真確，到自悟開發時，「信」便凋謝退卻。

在「悟發信謝」之觀念下，便可明白竺道生對「言說」之觀念。他把言說等「外迹」（外在之形跡）定為工具、橋樑之地位。未「見理」之前，必須借助言說，即是以言為津，當運用此工具「見乎理」（即「悟解」）之時，則不需要再用言說❷。這與求魚兔之類比相同，未得魚兔之前，必須借助「筌」及「蹄」此二工具，到了「魚兔既獲」之目的達到，則不再需要施用此些工具（同❷）。

故此，從「工具地位」之觀點來看「信」，必要指出借助「信」的目的——是要明白「其所以」❷，故此，反過來說，「若不明白，豈能信之」，由此便需要「重釋」（同❷）——著重解釋，著重明

---

❷ 「未見理時，必須言津；既見乎理，何用言為？其猶筌蹄，以求魚兔；魚兔既獲，筌蹄何施？」（《妙法蓮花經疏》，頁 828。）

❷ 「若不明所以，豈能信之，必須重釋……言跡外順，從迹必昧旨，昧旨則難解。」（同上，頁 806。）

理，而非著重「外順」言跡；若只著重依從形聲言說，那麼便變成不得其旨，不能體悟借助言說所表達之旨（真理），這便成「從跡必昧旨」（同❷），既是「昧旨」（蒙昧不知其旨意），此則「難解」（甚難得悟解）（同❷），因為已迷於形跡之言說中，迷於工具、橋樑之內，不能達到（悟解的）目的。「悟理」之「理」自身當然是「無言」的❷，「理」之有言，全由於「方便」而言，「假（借）言而言」（同❷）是指「言」說只是方便眾生之工具，言說並不是「理」之自身，故此不應停於言說之工具中。

在此，竺道生對「言說」之觀點契合其說「悟」與「信」之關係。因為「信」是「外順」（同❷）的——順應別人之所說，才可有信，故此，若只有信，則變成只有「從跡」（同❷），這便不能「悟於內」（同❷）。若能明白「信」只是工具、橋樑，則可藉信而達悟解。「信」是過渡之途徑，「悟」是內在的目的。

(2)頓悟成佛

總結(1)及(2)兩小節，我們可得出以下的結論：

㈠理不可分

㈡悟不可分

㈢悟是自悟於內

㈣悟解是目的，信解是橋樑

這四個結論可作為「頓悟成佛」之前提。所謂「頓悟」（或漸悟），是就成佛之方式而言——成佛是頓悟而成，還是漸悟而至的？在竺道生之般若實相觀之理論基礎內，推出以上四個前提後，必能推論出「頓悟成佛」之觀點。

若理是可分的，有分別的，此則可接受「漸悟」的觀點——

❷　「理本無言，假言而言，謂之方便。」（同上，頁808。）

循序漸進，慢慢累積，以至明白所有道理。但是，在竺道生之佛
性論之系統內，其所言之理是不可分的、無分別之理，換言之，
在這「理不可分」之前提下，只有兩種可能性：一是悟理、一是
未悟理；若是悟理，必然是全悟；若不全悟，必不算已悟理。簡
言之，依竺道生之意，只有兩個範疇：「悟理」及「未悟理」；一
是在前者之內，一是在後者之中，這是 A 與非 A 之排斥關係，故
此沒有介乎「悟理」與「未悟理」之中間狀態。此全是建基於「理
不可分」及「悟不可分」之前提。在此二前提下，便可推出「頓
悟」之觀念，一是在「未悟理」之中，若不是在「未悟理」之範
疇內，則必然是頓然地、突破地從「未悟理」之範疇超拔出來，
進入另一性質截然不同的範疇——在「悟理」之中。這推理是顯
而易見的。

　　故此，依竺道生之意，所謂「頓悟」，是指「以不二之悟，符
不二之理」❷，由於「理不可分」，故此「悟」者是為「極照」❸
——極盡地從語言文字之工具、橋樑中突破出來，以至能達到目
的，完全證照「不二之理」，這才能運用自身「不二之悟」與之相
契相符（同❸）。

　　這「悟」全在於「一念」❹——一是悟理、一是未悟理，所
悟之「理」當然是指存在之法理、實相理（詳見第二章第二節 3.
「法理與般若實相」）。若是「悟理」，則表示所有「法」（即事物）
之存在法理已被了悟，因存在之法理（緣起性空之法理）是所有

---

❷　同❷。

❸　「夫稱頓者，明理不可分，悟語極照。以不二之悟，符不二之理，
　　理智悉釋，謂之頓悟。」（同上）

❹　「一念無不知者，始於大悟時也。」（《注維摩詰經》，頁 365。）

事物之法性，在此意義下，「一念」便可「無不知」（同❷），這「知」並非經驗知識之知，這是從（般若之）無分別智之了悟而言的，嚴格來說，此「無不知」亦是「無所知」（具體之經驗知識），這是無知之知（即般若之智知），證知一切法之存在法理。

「一念無不知」是開始於「大悟」之時，故此說「一念無不知者，始於大悟時也」（同❷）。「大悟」即是「頓悟」——因為一是能夠了悟「不二之理」、一是未了悟之，絕無中間狀態，若能了悟，便是「全悟」，既然所有事物（之存在法理）都能了悟之，此必然是「大悟」，故此而能「無不知」。

由此便可明白「無生之證，生盡故，其照必頓」❷——此證悟寂滅之法性、實際、涅槃、實相、法性（以上各詞皆就「寂滅」一義而是同義詞，參閱本章第一節 1.⑷「般若實相與涅槃法身」），既是「寂滅」，便是「無生」，故此說「生盡」，嚴格來說，應是不生不滅。在般若智下，證照寂滅境界，「其照必頓」——一是證照之、一是尚未證照之，若證照之，必然是頓悟證照，從「有生有滅」之世界跳進「無生」（無滅）之寂滅境界。一言以蔽之，這就是「頓悟成佛」——頓然地、突破地證照而成佛，由有分別的、有二的、有生的世界跳進一性質截然不同的無分別的、無二的、無生的寂滅世界。故此，成「妙常」之佛，必然是「頓成」——頓悟而成❷。

---

❷　《大正藏》第九冊，頁384。

　　這是南齊劉虯《無量義經》序中轉述竺道生之頓悟義。序中曰：「生公云：道品可以泥洹，非羅漢之名，六度可以至佛，非耐王之謂，斬木之喻，木存故尺寸可漸，無生之證，生盡故，其照必頓。」

❷　「居極而言，佛是常故……頓成妙常耶。」（《大般涅槃經集解》，頁

⑶頓、漸之辯

在竺道生之系統內，由「理不可分」及「悟不可分」等之前提下，推論出成佛是「頓悟」的，這前後之推論是一致的(Consistent)。故此，若從竺道生整套佛性論來看，此是很合邏輯的推理。但是，在竺道生時代，他自創之「頓悟成佛」之觀點，則引起不同的反應。

問題在於竺道生之「大頓悟」與僧肇、支道林、道安等人之「小頓悟」**❼**，觀念不同。僧肇等人所持之「小頓悟」，主要觀點在於他們認為「七地以上悟無生忍也」(同**❼**)。所謂「七地」(或「七住」)，是指修行之第七個階段，修行共有「十地」(或「十住」)，在第十地成佛。僧肇等人認為修行至第七地已能得「無生（法）忍」——得此「忍」便可「有」「無」並觀，不偏於一邊，此地名之為「遠行地」，因為已體證有、無二邊之中道，見法之實相，故此能脫離世俗，猶如遠行不返，故此，此地亦名為「不退地」，因已遠行，去而不返，故此「不退」。依僧肇等人之意，此地已具足道慧，普遍能具足一切道品；但在「六住」之下，則只是次第漸修，遠不算頓悟有、無二邊**❽**。

簡言之，僧肇等師之「小頓悟」之觀念是實踐修行（緣因）至第十地才算圓滿；但得無生法之智（了因），則在第七地已能修

391。)

❼ 隋碩法師《三論游意義》中有曰：「用小頓悟師有六家。一肇師，二支道林師，三真安埵師，四邪通師，五匡山遠師，六道安師也。此師等云七地以上悟無生忍也。竺道生師，用大頓悟義也。」(引文見湯用彤著《漢魏兩晉南北朝佛教史》，下冊，頁447。)

❽ 參閱湯用彤著《漢魏兩晉南北朝佛教史》，下冊，頁467。

得。故此，他們所謂「小頓悟」（悟中道之實相理），是在第七地完成的。但是，此說產生一道鴻溝 (Gap)──因為本來「頓悟」便可「成佛」，現在卻變了「頓悟未可成佛」，眾生（或菩薩）頓悟之後還要修行三地，至第十地才能成佛。若是如此，「全然了悟」（頓悟）與「顯現眾生之潛藏佛性」（成佛），二者不是同時獲得，而變成先了悟（在第七地得無生法忍），之後，再修行至第十地，方能成佛。這是「小頓悟」之看法。

　　但是，若依竺道生之佛性論系統，則此不算真正之「頓悟」，因為，若能「頓悟」者，便可「成佛」，這與實踐修行之圓滿同時獲得（按：換言之，依天台宗之概念來看，竺道生之「大頓悟」是主張緣、了二因同時完成，當下成佛）。既是「悟理」，便能「成佛」，「悟理」是眾生了悟不可分之中道實相理，故此，一是悟、一是未悟，若能真悟者，則必然是頓然全悟，把眾生自身之潛藏佛性全然了悟而朗現出來，亦即成佛，故此，合起來便是「頓悟成佛」。若已「成佛」，則無可再進，由此分析地說，「頓悟」必於第十地，第十地是最後一地，只能在最後之階段、無可再進之地，方能「頓悟」，否則「頓悟」一詞不能應用。若不是在第十地頓悟，則亦不一定要在第七地頓悟（如僧肇等人之堅持），換言之，眾生亦可在其他地頓悟、在其他不是圓滿之地（初地至九地）亦可頓悟。但竺道生不同意此說。

　　依他之意，由第一住（初住）至第七住，只是屬於「漸除煩惱」❷，此即蘊涵了「第七住」並非「頓悟」，並非已得佛之（般若）智慧。要到第十住成為「十住菩薩」，才能以「金剛三昧」之

---

❷　「初住至七住，漸除煩惱……十住菩薩，以金剛三昧，散壞塵習，轉入佛智。」《妙法蓮花經疏》，頁 807。

禪定，把如塵般微小之習氣也散掉，這才算「轉入佛智」（同❸）。故此，隋碩法師便據此轉述竺道生之觀點：在金剛（三昧）之前，即十地以還，眾生「皆如大夢」❹，還未算修得「大覺」（大智大悟），要在「金剛以後」之第十地中才能得之。而吉藏（西元 549-623）亦有相同之轉述：從修行前之有生有死，到修行後至金剛地，「皆是夢」❹，未算「大悟」；要在「金剛」三昧之禪定完成後，才能「豁然大悟」（轉入佛之般若智慧），才能「無復所見也」。

一言以蔽之，豁然頓悟是在第十地金剛三昧完成之後才能頓悟。故此，在竺道生之標準下，僧肇等人不能算得上是真正之「頓悟」。「頓悟」就是頓悟，不是頓悟就不是頓悟，「頓悟」無分「大」「小」，「頓悟」不是從明白經驗事物之多少之數量而言，這「悟」是悟「不二之理」，此悟空之般若智慧自身亦是「不二之悟」、無分別之悟。故此「頓悟」無所謂大小之分（此好比般若並無分大乘般若與小乘般若之大小之分別）。

⑷頓、漸相容

以上在竺道生之系統內批評僧肇等人之「小頓悟」其實是漸悟，而不是真正之頓悟。那麼，現可進一步問：究竟竺道生之「頓悟」之觀念，是否與「漸悟」之觀念互相排斥？是否竺道生創立「頓悟」之義，便表示他完全否定「漸悟」？究竟「頓悟」與「漸悟」可否相容？若能，則如何相容？現正面處理此些問題。

其實，竺道生並不排斥「漸悟」（「漸修」或「漸教」）。因為

---

❹ 「金剛以還，皆是大夢。金剛以后，皆是大覺也。」（見隋碩法師《三論游意義》，引文同❸。）

❹ 「從生死至金剛心，皆是夢。金剛后心，豁然大悟，無復見也。」（見吉藏《二諦義》，引文見湯著《佛教史》，下冊，頁 474。）

「興言立語，必有其漸」㉜，眾生未悟理之前，必要有「聖人設教」（同㉜），若要教化眾生，必需有所言說，若要運用言說講理，「言必有漸」（同㉜），則需循序漸進，逐步教化眾生，使之有「悟」。所謂「說法以漸」，是指「必先小而後大」，由小悟以導眾生頓然大悟㉝。故此，既明白悟是有分階段的，眾生「必須積學」㉞——按部就班，循序而學，慢慢累積，直至最後「無學」（同㉞），因為最後體證無生的，不二之理，進入無分別的實相境界，故此不需要再學，根本在此境界之內是無所學的，亦不能學的寂滅境界。若不逐漸施教，小乘人只有「望岸而返」，結果是「大道廢」㉟而真理湮沒，所以不得不「漸」，以引導眾生。

簡言之，竺道生所言之「漸」——漸悟、漸教或漸修，皆是就於「教化」之觀點而言的。換言之，「漸」只是一方便之說法，而非「悟」之究竟方式、最後根據，因為根據謝靈運之轉述，竺道生亦同意「寂鑒微妙，不容階級，積學無限」㊱——因為寂滅的境界（涅槃）是很微妙的，這「理不可分」的實相理當然是無分別的，既是無分別，便無高低之相對範疇，皆因「寂鑒」（寂滅涅槃）並非經驗事物，所以「不容階級」——不容許有上下之級別、差別。若學習經驗知識，則是點點累積之，亦即「積學」，而累積的過程是無窮無盡的，因為由經驗事物排列及組合而成之知

㉜ 「夫興言立語，必有其漸。」（《妙法蓮花經疏》，頁 801。）又「夫聖人設教，言必有漸。」（同上，頁 807。）

㉝ 「說法以漸，必先小而後大。」（同上，頁 809。）

㉞ 「明此悟分，必須積學，以至無學也。」（同上，頁 826。）

㉟ 「〔小乘人〕望岸而返者，則大道廢焉，故須漸也。」（同上，頁 803。）

㊱ 《大正藏》第五十二冊，頁 225。

識是無窮無盡的，故此要學習此無窮無盡之知識必然是無限量地
累積之，所以說「積學無限」，但「寂鑒」之涅槃根本不是經驗對
象，故此不能「積學」，引申來說，若要悟「微妙」的「寂鑒」境
界，則不能以「漸悟」來達到涅槃之寂滅境界。

　　故此，若要成佛，則必是「頓悟」，而不是「漸悟」，這是從
最後之究竟方式及根據而言。由此便可將「頓悟」與「漸悟」之
觀點分別安立。在眾生未能「頓悟」（成佛）之前，必需借助「漸
教」、「漸修」、「漸悟」作為引導；「頓悟」是最終的目的及方式，
「漸悟」是過渡之工具或橋樑。眾生不能只迷於橋樑之中而不到
目的地。經過如此安排，把二者定位，則「頓悟」與「漸悟」不
致成為互相矛盾、互相排斥的觀念，卻成為互相補足的觀念。因
為「悟不自生」（同❷），未「頓悟」之前，眾生必需借助聖人之
施教，循序漸進積學、「漸悟」，最後脫離橋樑，從實踐修行之過
程釋放出來，頓然突破地到達目的地，即「頓悟成佛」。

第四章　竺道生佛性論之評價

　　第三章已正式處理竺道生之「佛性論」，現可作出評價。

　　竺道生之「佛性論」乃建立在「般若實相觀」之理論基礎上，故此，首先檢討其「般若實相觀」，討論其般若學有否限制，這是第一節處理的問題。

　　之後，在第二節之中，則可指出其建立在「般若實相觀」之「佛性論」亦受限制，故此亦如其般若學之著作一樣，大多散佚。在此，運用天台宗之圓教系統作為對照，以顯竺道生不足之處。

　　竺道生之成名，主要在《涅槃經》尚未全部譯出之前，自己已能率先推論出「一闡提皆得成佛」之說。故此，在第三節討論此說之貢獻；同時亦辯明此論點與儒學「人人皆可成聖」之關係。

　　除了「一闡提皆得成佛」之說外，竺道生最重要的創見其實在於「頓悟成佛」之說。故此，在第四節處理此說之貢獻及對後世之影響。

　　最後辯明竺道生之「使用儒道二家之語言」之問題，究竟竺道生是否融合了儒佛道三家之說而開創中國大乘佛學？竺道生使用儒、道之語言，此是否表示他融合了儒、道之思想於佛學之中？此乃第五節之核心問題。

一、般若實相觀之限制

竺道生之「佛性論」建基於「般若實相觀」之上。他是般若學翻譯大師鳩摩羅什之門生，與解空第一的僧肇是同窗。竺道生亦能契合般若實相觀，對於般若蕩相遣執、淘汰融通之精神已能掌握。

1.未能通透般若實相觀

但是，若進一步分析竺道生之注疏三經，則發覺他在一些較抽象之層面上不能清晰明確地闡釋其論證——尤其是破「不相應行法」之抽象概念，如生、滅、來、去等觀念，竺道生之注疏在這方面總是很簡單的，而未能通透注疏經義。現引證以上之說。

當注解十二因緣之不來不去，非因非果之觀念時，竺道生的注疏是：

> 緣生非實，故不出；緣散必滅，故不常。前後，故不一；不離，故不二也。來去之義，類生滅也。❶

此處是破生、滅、來、去、一、二等之不相應行法（即抽象概念，亦即康德（西元 1724–1804）所謂之範疇），從而顯示「八不」之寂滅實相。在此，竺道生之破此些不相應行法，已能把握「緣生」之觀點——即緣起性空之法則，故此說「緣生」之物「非實」——不真實、沒有自性實體，由此而說「不出」（即「不生」），

---

❶　《大般涅槃經集解》，頁 548。

簡言之，「生」是沒有自性之生，故此不能說「生」，而要說「不生」。緣合則生，「緣散必滅」，故此，「常」也不是一有自性之常，故此不能說「常」，而要說「無常」。其餘一、二、來、去之義，亦是如此類推。

從上顯示，竺道生已能把握般若破自性執之基本精神，他已能在關鍵性之觀念上把握「緣起性空」之原則。但是，對於破「生滅來去」等之不相應行法，他只能簡簡單單、籠籠統統以「緣生非實」及「緣散必滅」之觀點注解，卻不像龍樹破「時」與「數」之辯破之精思細密❷。雖則不能說竺道生不明「八不」之說，但從其注疏之中，他只能籠統地以「緣起性空」之大原則注解之。

2.未能融通蕩相遣執

在般若蕩相遣執之精神下，往往是用「雙遣」的格式融通淘汰，即是以「非A非非A」之方式遍蕩一切執。在此「雙遣」之格式之基礎上，則可破「四句」與「六句」，雙遣是破「二句」。（以下「$\overline{A}$」代表非A）「二句」是「A、$\overline{A}$」，例如「常、無常」；「四句」是「A、$\overline{A}$、A$\overline{A}$、$\overline{A\overline{A}}$」，例如「常、無常、亦常亦無常、非常非無常」❸；「六句」是「A、$\overline{A}$、A$\overline{A}$、$\overline{A}$A、AA、$\overline{A\overline{A}}$」，例如「生、不生、生不生、不生生、生生、不生不生」。換言之，其最基礎之前提是：「A」不是有自性之A，故此要破「A」；「A」既不能成立，建基於A（與「$\overline{A}$」相反）之「$\overline{A}$」亦不能成立，故此

---

❷　龍樹破時、數之論證，可參閱牟宗三著《佛性與般若》，上冊，頁123–175。閱後便可知竺道生之破一、二、來、去等不相應行法是甚簡略的。

❸　同上，《佛性與般若》，頁109。

亦要破「Ā」;進一步便可破「A」與「Ā」之組合,故此要破「四句」及「六句」。若從純粹形式符號來看,此理是顯而易見的。所謂「雙遣」(即「破二句」)、「破四句」或「破六句」,其實共同建基於般若緣起性空之法則下而掃蕩自性執,以顯寂滅之實相。

在破「生」之觀念上,竺道生之注疏顯得較為簡略。以下引證此說。

經云——指《大般涅槃經》之經文

生曰——指竺道生在《大般涅槃經》之注疏

4. (數字)——筆者為方便閱讀而加上的

1. 經云:佛言不生生不可說。

生曰:答第六句也。

2. 經云:生生亦不可說。

生曰:答第五句也。

3. 經云:生不生不可說。

生曰:對明第六門也。

4. 經云:不生不生亦不可說。

生曰:對明第五問。

5. 經云:生亦不可說。

生曰:復有生不生,今離之,亦不可也。

6. 經云:不生亦不可說。

生曰:前已離生,今離不生也。

7. 經云:有因緣故,亦可得說。

(1)經云:云何不生生不可說?何以故?以其生故。

生曰:釋答二問七句也,既云不生,而言其生,是則不

生為生也。

(2)經云：云何生生不可說？生生故生，生生故，不生亦不
　　　可說。

　　生曰：生若先生，今則不應復生也。

(3)經云：云何生不生不可說？生不自生，均不可說。

(4)經云：云何不生不生不可說？何以故？以修道得故。

(5)經云：云何生亦不可說？以生無故。

(6)經云：云何不生不可說？以有得故。

　　　從以上之引文❹中，嚴格來說，竺道生在(1)至(6)之注疏不算
注疏，在此只有注而沒有疏解，而(3)至(6)更是連注也沒有，他並
不如僧亮、僧宗及寶亮等人給予正面的解說。其(1)至(6)之注疏只
指出佛陀正處理那一問題，但他卻沒有給予正面的解釋。現將僧
亮等人之注疏例舉比較，便能證實以上的觀點。

　　經云：佛言不生生不可說。

　　生曰：答第六句也。

　　僧亮曰：先答第六句也。生是假名，不可定說也。
　　　　　　不生是無，而生能生無，亦不可說也。

　　僧宗曰：先答第六難也。不生即虛空，欲令虛空生者，不
　　　　　　可說也。

　　寶亮曰：後關種章門下，自次第釋也。初六句悉作不定答，
　　　　　　後一句明緣故得生也，不生生不可說者，第一句
　　　　　　明無定不生性，亦無定生性，云何可定說耶？

---

❹　《大般涅槃經集解》，頁 519–520。

佛言「不生生不可說」，此表示「不生生」之觀念不能成立。在此，竺道生之注疏只指出這是佛陀回答「第六句」之問題——即「云何不生生」❺。但他卻沒有提出理由解釋。但僧亮、僧宗及寶亮三人，則能指出「生是假名，不可定說」——「生」之概念，只是個假名，「生」之有是假名之有，而非定性、自性有，故此不可「定說」，不要以為「生」是定性、自性有而說之；由此便可說「無定不生性，亦無定生性」——「生」之性不定，與「生」相反之概念亦是如此。故此「生」無定，則「不生」亦無定，一言以蔽之，「生」與「不生」皆「無定」——無定性、自性，合起來便是「不生生不可（定）說」。

其餘「生生」、「生不生」、「不生不生」、「生」及「不生」之不可說，竺道生亦沒有給予理由詳細解釋，最多亦只能說出「既云不生，而言其生，是則不生為生也」及「生若先生，今則不應復生也」，但此處之注解只是一些「循環論證」(Circular Explanation)——因為經云佛言「不生生不可說」，現在正是要解釋此節經文，對「不生生」不能成立給予理由注疏之，但是，竺道生之注疏則是先接受「不生」之觀點，然後才注疏曰「既云不生，而言其生，是則不生為生也」。嚴格來說，竺道生並沒有給予論證以外之理由——未能進至僧宗等人以「無定性」之觀念注疏「不生生」之不可說之理據，他只是給予一論證內之循環論證——亦即是沒有真正解釋。至於破其他五種「生」不可說，亦復如是，甚至沒有注疏（第⑶至⑹）。

---

❺ 同上，頁 518。

3.般若觀著作之散佚

我們不能下判斷說竺道生不明白「緣起性空」——無自性之原則，我們只能肯定：從他的注疏中，在破一些較為抽象之不相應行法時，竺道生注疏之觀念較為簡略籠統，不能給予一清晰明確之疏導。由此我們可以體會為何竺道生說：

> 往日聞佛說波若諸經，聞之疲懈，唯念空無相而已。❻

「波若」即「般若」。竺道生自覺對般若學之聞說，已是「疲懈」，這表示他不能完全消化，這是就「較高層次、較為抽象之破不相應行法」而言，故此他有再吞不下之疲憊之言。不過他無論如何亦能「唯念空無相」之觀念，這表示他也能把握般若學緣起性空之大原則「空無相」——空無本體、無自性（詳見第二章第一節「般若實相觀」）。

在竺道生之著作中，除了一系列環繞佛性問題之作品外，另有三篇名為《二諦論》、《小品經義疏》及《維摩經義疏》。從篇名來看，此三篇皆屬《般若經》之著作，前兩篇已散佚，只有《維摩經義疏》存於《注維摩詰經》之中（參閱第一章第二節1.）。從本章之討論，我們發覺竺道生固然已能掌握般若學之基礎原則(緣起性空)，故此亦懂得蕩相遣執、融通淘汰。但是，從「通透了解」及「清晰疏解」之角度而言，則竺道生卻不及「解空第一」之同窗僧肇，更不用說在般若學之觀念上有何突破、於理論上有何發展。

---

❻　《妙法蓮花經疏》，頁814。

事實上，竺道生所了解的般若實相——緣起性空，大抵只是早期般若學之通義。從「無住本立一切法」之觀念而言，竺道生大抵只能發揮「無住（無本體）就是法性（法之本分）」之義，即是「空」義。但是，他（亦如老師鳩摩羅什、同窗僧肇一樣）未能進至給予一切法——「根源的解釋」(Original Interpretation)——一切事物之存在之根源是怎樣的？即是在「存有論」上，他未能如日後天台宗之圓教存有論地具一切法。若說具體一點，竺道生尚未能進一步說明「法性無住即無明，是故從無明可立一切法，亦可從法性立一切法，總說從一念無明法性心立一切法」之觀點❼。

二、佛性論之限制

竺道生之「佛性論」乃建基於「般若實相觀」。從第一節顯示，在般若學之上，竺道生未能（如僧肇般）融通了悟般若之學，更不能在義理上有何推進。此可解釋其《二諦論》及《小品經義疏》散佚之原因。

1.佛性論著作之散佚

由於在理論基礎上無突破之貢獻，故此，建基於「般若實相觀」之「佛性論」亦不算有巨大的推進（除「頓悟成佛」之說外），由此便可進一步明白竺道生其餘一系列環繞「佛性」問題的文章大多散佚：尤其是《善不受報義》，《法身無色論》，《佛無淨土論》，此三篇作品，從篇名上已很明顯表示此乃以般若蕩相遣執之精神

❼　參閱牟宗三著《佛性與般若》，下冊，頁 697。

掃蕩「善報」、「色身佛」及「淨佛土」之自性執。在般若學之觀念內，此乃了無新意，竺道生只不過將融通淘汰之妙用用於「法身」、「善行」及「佛土」之具體問題之上而已；般若自身是一共法——普遍之原則，自然可用在不同的具體問題之上，到處化遣執著。

因為，但凡有一正面之主張，便可成一客觀之概念，可運用符號或命題之形式表達；一旦有決定性之言說，便成自身虛構之執著；既有執著，便可用般若智化執，隨不同之具體問題而到處化遣一切執。此乃般若化執之通義，故此，一切建基於般若實相觀之「佛性問題」之作品，其實在般若學之標準下是無任何新意、創見（除「頓悟成佛」之說外，後詳），由此便可明白《欲取泥洹義》、《辯佛性義》、《涅槃三十六門》等作品全部散佚之因。

2.佛身觀與佛因觀

以上是外在地從竺道生之理論基礎「般若實相觀」指出其「佛性論」之限制及文章散佚之可能原因。現進一步內在地從其「佛性論」之「佛身觀」與「佛因觀」之關係，顯示竺道生之「佛性論」之不足處。

在第一章第三節之中，我借助語言學之詞義及「三因與三身佛性」之觀念開出一「佛性論之分析架構」，然後在此分析架構之內將竺道生對佛性之種種觀念納入架構之內討論問題。此項工作已完成（即第三章）。現在可運用後世天台宗之發展，把「三因佛性」與「大涅槃三法」之關係，用以衡量竺道生之佛性論。因為天台宗是一圓教系統，此表示它有資格作為一量度標準，衡量其他學說（如竺道生之佛性論）到達什麼程度。

簡簡單單地說，天台宗已能把「三因佛性」與「大涅槃三法」圓融地配搭起來。「三因」是正因、了因及緣因；「三法」是法身、般若及解脫。其相應如下：

> 正因佛性得法身
> 了因佛性得般若
> 緣因佛性得解脫

三法構成大涅槃，亦即秘密藏。此三法橫亦不可、縱亦不可，非縱非橫，如∴（伊）字，三點若竝，乃成圓伊❽。此乃天台宗把「三因」與「三法」之關係圓融地相應配搭，成一圓教系統。

但是，竺道生之「佛身」「佛因」觀卻未有如此之簡別與配搭，他對般若、法身、解脫、涅槃等觀念，只能籠統地就「無分別、寂滅」義上關聯起來。現引證此觀點。

依竺道生之意，「泥洹是智之所證也」❾；若能智悟法是無常、苦、空，「則永盡泥洹」❿——即是可永遠斷盡無常、苦、空等法，而得泥洹；所以他又說「智解十二因緣是因佛性」⓫，即是通過智慧而悟解十二因緣之緣生法，便可成佛，故此「智解」是「佛性」之因，亦即「智解」是「因佛性」。總上而言之，竺道生是把「智」、「智解」或「悟」看成是因，結果可證得「泥洹」，是為「因佛性」。若大體上言之，把「智」與「泥洹」看成是因果關係，此

---

❽　參閱牟宗三著《佛性與般若》，上冊，頁217。
❾　《注維摩詰經》，頁348。
❿　「法既無常、苦、空，悟之，則永盡泥洹。」（同上，頁354。）
⓫　《大般涅槃經集解》，頁547。

固然徹合般若學之一般說法。但是，對「智」所證得之「佛性」，則竺道生尚未清楚區分此「佛性」是泥洹（涅槃）三法中之那一法，即是，此佛性是法身？是般若？還是解脫？他尚未留意此問題。

　　不過竺道生亦有言曰「般若既無，則無解脫」❷，即是沒有「般若」，則沒有「解脫」，這是一反面之說法；若正面言之，則是「於觀結盡」❸，即是若能觀法理，則得結盡而解脫；故此智慧如刀如火，能斷愚、癡、愛，所以說「愚癡絕於慧刀，愛水燋乾於智火」❹；換言之，亦可說「得理則涅槃解脫及斷也」❺，也可說「於縛得解，是見諦之功」❻，而「觀察法理」❼則可遣除煩惱惑情。

　　總體地說，「觀察法理」或「見諦」「得理」，便能得涅槃解脫、於縛得解、出乎惑情。一言以蔽之，竺道生是以「般若智見理」為因，以「解脫斷煩惱」為果。引申來說，他是把「般若」與「解脫」看成是因果關係。若從般若之妙用而言之，此觀點固然沒有錯，但是，他卻未進至將「佛因」與「佛身」之法圓融地配搭起來。

　　在其注疏之中，我們只能得一些籠統的觀念。他也有概略地把「佛慧」（類似「了因」之觀念）與「法身」之關係接上，指出佛經之智慧乃佛之法身，故此說「經說佛慧，則慧在經矣。經尚有慧，則是佛之法身矣」❽。另外，他亦有將「行」（「緣因」之

❷　同上，頁 402。
❸　「慧亦有二種……二為於觀結盡……若得結盡之理，則解矣。」（《注維摩詰經》，頁 379。）
❹　《妙法蓮花經疏》，頁 820。
❺　《大般涅槃經集解》，頁 533。
❻　《注維摩詰經》，頁 350。
❼　「夫有煩惱出乎惑情耳，便應觀察法理，以遣之也。」（同上，頁 386。）

觀念)與「佛身」之關係說出,指明「是以行於法者,得佛身也」**⓲**,簡言之,「行」者(實踐修行者),可得「佛身」;故此,若更具體地說,竺道生便指出「修於十善者,會上諸行,成身、口、意、淨,為淨土之本也」**⓳**,在此,他是明言「修」「行」實踐,便可得「身、口、意淨之佛身」。但是,此些亦只是甚為粗略之說法,尚未能進至清楚地顯明「三因」與「三法」之配搭。

3.時代背景之限制

本書雖借助天台宗整理出來之「三因、三身佛性」之架構,但此並非表示竺道生已能在三方面清楚地區分之。事實上,在其《泥洹經義疏》之中,他亦未有清晰明確地區分「三因」之義。若從《大般涅槃經》自身之經文而言,「三因」觀念亦是顯得含混不清,有時甚至把緣因、了因視為一因,即是以了因視為緣因,或以緣因視為了因;有時又正因、緣因對言,有時卻正因、了因對言**⓴**。其更甚者,《涅槃經》自身在佛性「本有」、「始有」之問題上,自身之說法亦有不同,前後並不統一,有時暗示佛性本有,但亦有暗喻佛性是始有**㉒**。

換言之,在《大般涅槃經》初傳之際,在晉宋之時,竺道生自然受其時代所限,很難一下子便能通透把握佛性論之所有問題,當然不能輕易建立一圓融之系統。

⓲ 同上,頁 414。

⓳ 同上,頁 343。

⓴ 同上,頁 336。

㉑ 參閱牟宗三著《佛性與般若》,上冊,頁 192。

㉒ 參閱呂澂著《中國佛學思想概論》,頁 135。

在此，經過後世發展之圓教之對照後，則可顯出竺道生在歷史過渡時期之貢獻。大抵上竺道生已籠統地有「三因」之觀念：在「正因」之觀念下，他有「當果為正因佛性」之觀點（見第三章第二節 1.）；在「了因」之觀念下，他亦甚為強調「悟理成佛」（見第三章第二節 2.）；同時在「緣因」之觀念下，他亦贊同「應有緣論」（見第三章第二節 3.）。他不足之處是他未能將此三因與涅槃三法圓融配搭；他亦不能如唯識宗、如來藏系統等，把「法之存有」收歸於「心識」之上作一根源上之解釋。

但是，客觀地說，他已完成其歷史之使命──由般若學走向涅槃學，而且是內在地依佛家之義理來推論，他已能擺脫格義比附之風。作為一基石、橋樑來看，竺道生確是一紮實之根基，帶導後進在涅槃佛性問題上作正確的、深入的討論。故此南北涅槃學以他為領導人物，更被稱譽為「涅槃聖」。

三、一闡提皆得成佛之貢獻

竺道生之「佛性論」由「佛身觀」、「佛因觀」與「方法論」所構成。「佛身觀」乃般若學蕩相遣執之應用，故此而有「法身無色」、「佛無淨土」、「善不受報」與「應有緣論㈠」。所以，在般若學之觀念下，「佛身觀」其實是了無新意。

在「佛因觀」方面，由於受歷史背景之限制，竺道生對「三因佛性」之觀念亦未有清晰明確之區分，只能籠統地有「佛性當有」（正因之觀念）、「悟理成佛」（了因之觀念）與「應有緣論㈡」（緣因之觀念）。

雖然受歷史環境的限制，但竺道生早於《涅槃經》尚未全部

譯出之前，已能在其「佛因觀」之內，從「佛性當有」之觀念推論出「一闡提皆得成佛」❷❸之論點。這是竺道生在中國佛教中破天荒之創舉，率先主張「人人皆可成佛（包括一闡提）」。這與中國儒家之「人人皆可堯舜（成聖人）」之心靈相近。

1.人人皆可成佛與人人皆可成聖

「人人皆可成佛」與「人人皆可成聖」，二者在「人人皆可由凡夫眾生超升至最高最完美之境界」而言，儒佛之心靈是相近的——在原則上肯定人人皆可努力上進。但是，這並不表示儒佛兩大系統因而是相同的學說。儒家是修行成聖，不是成佛，釋家是修行成佛，不是成聖；儒學所主張之「仁理」是創生萬物之天理，佛學所主張之「空理」是無住、無本之因緣理。故此不能硬說竺道生「直承孟子之性善論」❷❹；換言之，不能強說竺道生以儒學之「人人皆可成聖」之說開創佛家之「人人皆可成佛」之說。

在佛家之內，若其學說自身沒有人人皆可成佛之理據，則無論怎樣牽強附會，也不能推出「人人皆可成佛（包括一闡提）」之論。竺道生推出「一闡提皆可成佛」之理據在於將般若實相觀對法性之分析轉入對眾生性之分析，故此從「種生佛性」之觀念下推論出「眾生皆有佛性（包括一闡提）」之論點（詳見第三章第二

---

❷❸ 「一闡提皆得成佛」一語出自慧皎之《竺道生傳》，見《大正藏》第五十冊，頁 366。

❷❹ 劉貴傑言：「道生係基於儒家哲學內在普遍性之『理』之概念，闡釋佛學抽象與直觀之實相觀、感應觀，以及頓悟成佛之思想，並直承孟子『性善說』以奠定其『佛性論』之理論。」（《竺道生思想之研究》，頁 32。）此說牽強。

節 1.「佛性當有」)。

　　故此，我們只能說儒學之「人人皆可成聖」之說只是外緣、外在的條件 (External Condition)，而非內在之理據 (Internal Justification)；儒學只給予竺道生啟示，使他留意「是否人人皆可成佛」之問題，但是，至於「一闡提是否皆可成佛」之理據 (Justification)，則必然是內在地於佛家自身之理論系統中引證。若佛家內在之前提沒有「人人皆可成佛」之原則，結果必不能推論出此觀點，正如唯識宗站在經驗立場之分析，從現實上（「行佛性」之觀念下）歸納，便指出必有一類人（一闡提——不實踐者）不能成佛，因他們故意不修行、不顯現自身之佛性。

　　例如唐代高僧玄奘法師（西元 600–664），亦是慧根過人，同樣是生於中華文化之傳統中，亦知「人人皆可成聖」之儒家學說。但是，由於唐玄奘所守的家法是戒賢之唯識宗立場，故此不得不把「無種性」之觀念依樣移植過來❷，亦即不得不接受「一闡提不能成佛」之觀念。這明顯是受其接受之佛學系統之不同，在唯識宗之經驗分類之報導下，必然有人「沒有佛性」（即「無種性」）。

　　若說竺道生以儒學之「人人皆可成聖」之論點創其「人人皆可成佛」之說，那麼我們便要問：為何玄奘卻推不出此說？以唐玄奘之根器，以唐人的身分成為印度十大論師之一，故此在智慧上絕不比竺道生遜色，為何竺道生可以推論出，而玄奘卻不能？皆因二者接受之佛學系統不同，亦即接受不同的佛家之前提而作出不同之推論。一言以蔽之，竺道生推出「一闡提皆可成佛」之說絕不是以孟子之性善論或儒家之學說作為理據。

❷　參閱霍韜晦著《絕對與圓融》①，見《鵝湖》第 88 期，頁 29，參閱❹與❻。

換言之,「人人皆可成佛」之理據乃在於佛家自身之哲學前提,我們不能說「因為儒學主張人人皆可成聖,故此便可推論出佛學中人人皆可成佛」,這種解釋根本不是論證 (Argument),更稱不上是理據 (Justification)——給予合乎邏輯的、互有關連的內在理念。這只可說是自由聯想——只是主觀的、一廂情願之想法。

2.一闡提皆可成佛之歷史貢獻

總結來說,竺道生推出「一闡提皆可成佛」之論,乃內在地根據《涅槃經》之精神而推出的。換言之,在義理上,《涅槃經》自身亦蘊含了「一闡提皆可成佛」之說。只不過在翻譯之步驟上,先譯出前六卷《泥洹經》,其餘的部分要到後來才全部譯出。竺道生要在西元 430 年才能讀得全部《大般涅槃經》。經中果有「一闡提皆可成佛」之說。

換言之,「一闡提皆可成佛」之說,《涅槃經》自身已有,只是竺道生精於哲學推理,不死守文字,「徹悟言外」❷,故此能暗契經義,早一步「孤明先發」(同❷)。若從創見之立場上來看,嚴格來說,竺道生先說「一闡提皆可成佛」,這不算是他的創見——對當時的中國佛學界可說是前所未有、聞所未聞之創見;但是從《涅槃經》自身之義理而言,這觀念已隱含其中,故此竺道生在此不算真有創見。

若評價竺道生之「佛性論」時,其「佛因觀」之「一闡提皆得成佛」之說在義理上不算是真正之創見。不過,他總算完成了

---

❷ 慧皎之《竺道生傳》有言:「生既潛思日久,徹悟言外……夫象以盡意,得意則象忘。言以詮理,入理則言息。」(見《大正藏》第五十冊,頁 366。)

一歷史的使命——在時間上把「一闡提皆得成佛」之論點提早推出。及至《涅槃經》全部翻出之後，他之所謂「創見」即成歷史陳跡，各人均走向《涅槃經》中研究「一闡提皆得成佛」之說，而非研究竺道生之「創見」。

由此便可明白為何其有關「佛性論」之著作，如「佛性當有論」之文章等，全皆散佚。因為他作為橋樑之過渡作用已完，其「一闡提皆得成佛」之說又比不上《涅槃經》之義理複雜精細，就算竺道生自身登獅子座講經之時，亦是講習《涅槃經》，而非教授其自身之「佛性論」文章，故此，其作品自然受歷史淘汰。若他的「一闡提皆得成佛」之說有嶄新之處，有超越《涅槃經》之觀念，則其「佛性論」之文不應散佚（正如僧肇之《肇論》流傳於世）。

四、頓悟成佛之影響

概觀竺道生之「佛性論」，其「佛身觀」乃般若學化執之應用，故此了無新意；其「佛因觀」之「一闡提皆得成佛」之見，亦只有時間上之價值，算不上真有所創。但是，在其成佛之「方法論」上，竺道生推出「頓悟成佛」之說，則可算得上是他全套「佛性論」中之靈魂。他在中國佛學之貢獻就在於「頓悟成佛」之說。

「頓悟成佛」之觀念，非竺道生獨有，早在他之前，支道林乃頓悟之說之首創者❷。頓悟、漸悟之辯，在道安與支遁（西元314–366）之時，已有辯旨。但是，此些早於竺道生之高僧，卻未能成立強而有力之論證。

❷　見湯用彤著《漢魏兩晉南北朝佛教史》，下冊，頁466。

竺道生之「頓悟成佛」，乃建基於其般若實相觀，既強調「法理」之重要性，更以「理不可分」之大前提，然後推論「悟」之智慧亦是「無分別」的，最後以「不二之悟，符不二之理」，如此便可頓然徹悟，悟理成佛，亦即「頓悟成佛」(詳見第三章第三節2.)。

換言之，竺道生已能夠自成一套思想體系，既有「理論基礎」（般若實相觀）作為前提，然後逐步往前推論，故此能夠在其自身之思想系統內有一致性的論證，以致其「頓悟成佛」之推論不屬零散的主見或看法，而是已成一論證——有客觀意義、必然理路之概念與觀點。這就超越前人，突破支道林、道安、支遁等人之限制，而在「頓悟成佛」之觀念上被視為真正的「始創人」。

1.竺道生「頓悟成佛」之影響

竺道生之作品可分為兩大類：一是般若實相學(如《二諦論》)、一是涅槃佛性學（如《佛性當有論》)。其作品大多散佚，只有零散之注疏存於《大般涅槃經集解》、《注維摩詰經》與《妙法蓮花經疏》。在其僅存之注疏中，後人引述竺道生之見解時，大多是環繞「頓悟成佛」之義理。

例如竺道生之朋友謝靈運，更是不遺餘力陳述竺道生之「頓悟」義，故此而有《辯宗論》一文❷。竺道生死後，宋文帝亦親自嘗試講述竺道生之「頓悟」學說，以致朝野盛極一時❷。竺道生之弟子道猷及法瑗，亦入京師，以述其師之「頓悟」之說，亦因此而牽起大辯論❸。竺道生之另一弟子亦著《金剛後心論》一

---

❷ 謝靈運之《辯宗論》，全名是《辯宗論諸道人王衛軍問答》，此文現存於《大正藏》第五十二冊，頁 224-225。

❷ 參閱❷，頁 479。

文，以述竺道生之「頓悟」義❸。

　　竺道生創立之「頓悟成佛」所引起之爭辯，事實上廣及永嘉、虎丘、楊都、江州等地❸。及至南齊時，荊州隱士劉虬又再述竺道生之「頓悟成佛」義，一時之間，當世莫能屈❸。由此可見竺道生之「頓悟」之創見之重要性。故此，劉虬之子劉之遴有言：

　　　　頓悟雖出自生公，弘宣後代，微言不絕。❸

　　另外，在歷史記載之中，《宋書》亦有言：

　　　　及長有異解，立頓悟義，時人推服之。❸

　　這都顯示竺道生之貢獻，最重要是在「頓悟成佛」之觀點，而非其「佛身觀」或「佛因觀」。

　　順此而下，竺道生之「頓悟成佛」間接與中國禪學發生交接，因禪宗特重「頓悟成佛」。雖不能說竺道生是禪宗之創始者，但禪宗之重要概念「頓悟成佛」是竺道生早已提出的，儘管竺道生之「頓悟」與禪宗之「頓悟」在內容上不完全相同，但二者皆強調

---

❸　同上，頁 482。

❸　同上，頁 483。

❸　同上，頁 449。

❸　同上，頁 483。

❸　見《弔僧正京法師亡書》。（存於《廣弘明集》卷二十四；引文見《中國古代著名哲學家評傳》續編二，頁 394。）

❸　見《宋書》九十七。（引文見湯用彤著《漢魏兩晉南北朝佛教史》，下冊，頁 466。）

「頓悟」而不著重「漸悟」，此則心靈相通。

另外，就算華嚴宗之開宗，亦不能擺脫竺道生「頓悟成佛」學說之影響。例如第四祖清涼澄觀，其學說亦引用竺道生「頓悟」學說之前提——「理不可分」之觀點❸❻。

總上而言，由此可見，竺道生之「佛性論」，其貢獻全在「頓悟成佛」之創見，間接地影響了佛家哲學之義理討論達三百年之久❸❼。

五、使用儒道二家之語言

竺道生生於魏晉南北朝（晉宋）之際，此時代承何晏（西元190–249）、王弼（西元226–249）之學術風氣，「清談」老莊之玄學。竺道生就是生長在此學術背景之中。此時《般若經》與《涅槃經》相繼傳入，中國學者史無前例地接觸外來的佛家思想。故此，起初之時，不能不以「格義比附」之方式來了解嶄新之學問，這是最先的反應。但是，再進一步之時，要求貼切地了解佛家學說之原義，再不能強以自身之玄學觀念來「格」（套）佛家之義理，這不得不內在地走進佛家哲學之系統內對佛經作徹合佛義之了解。

慧遠（西元334–416）首先從宗教活動方面爭取佛教之獨立，

---

❸❻ 澄觀引竺道生之觀點曰：「分數塵沙，理不可分，故稱一分」。（見《大正藏》卷三十五，頁 593。）參閱劉貴傑著《竺道生思想之研究》，頁109。

❸❼ 參閱方立天著〈竺道生〉，此文收於《中國古代著名哲學家評傳》續編二，頁 395。

其著《沙門不敬王者論》便是要擺脫政治權之束縛，爭取教權獨立於王權。但是，在哲理上，慧遠還未能客觀地、內在地、恰當地了解佛家之經義。不過，他已發起一條路向，使佛家之宗教活動走向獨立自主。此路向開啟之後，在哲理上走向獨立自主、徹合佛家原義之路，則由僧肇及竺道生等人完成。僧肇內在地了解般若學之「空」（無自性），故此以「解空第一」而稱譽於世；同窗竺道生則內在地了解涅槃學之「有」（佛性），故此以「涅槃聖」稱譽於後人。

無論是竺道生或僧肇，在此玄學之學養背景下，自然不能擺脫玄學之訓練。換言之，竺道生必要運用玄學之語言，亦借助儒家之詞彙，才能對傳入之佛經作討論。

現在的問題是：竺道生使用道家之語言，是否這就表示他是使用道家之觀念？同樣，他亦使用儒家之詞彙，是否這就表示他是使用儒家的觀念？故此，進而言之，是否表示竺道生融合了儒、佛、道三家之思想？

我的觀點是：竺道生固然是在玄學之學術背景中，借用玄學之語言來解釋佛義，但這並不表示他的思想就是道家的思想，不能說他的佛學觀念是道家之佛學，即是不能因此而說他融會了佛道二家。如此類推，亦不能因為他使用儒家的詞彙而說他的佛學思想是儒家的佛學，故此亦不能說竺道生融合了儒佛二家之思想。

1.使用儒家詞彙

在使用儒家詞彙之中，最重要的概念是「理」字，故此只集中討論竺道生對「理」字之使用，事實上竺道生特重「理」之重要性，故此他有一套「法理觀」（見第二章第二節）與及「悟理成

佛」(見第三章第二節 2.)之觀點。現在討論的問題集中於：竺道生所言之「理」是儒家的、道家的、三家融合的？還是以上皆非？

呂澂認為竺道生取儒學「一極」之觀念，而不要「殆庶」(接近於究竟的意思)之觀念，故此呂氏從謝靈運在《辯宗論》之轉述中指出竺道生是從「理歸一極」❸而推出「頓悟成佛」之說，這樣調和了儒釋兩家之說，不僅是依著佛家的舊說❸。

換言之，呂氏認為竺道生對「理」之看法是來自儒家，從而作為其佛性論中頓悟成佛之基礎觀念。但是，我們若不依從呂氏之想法——從別人(謝靈運)轉述竺道生之思想，而是從竺道生自身之注疏來看，我們可有另一看法：竺道生對「理」之了解，乃是內在地從佛家自身之法理，從緣起性空之實相而悟得的，因為般若觀照之實相是無相，無相是一相，自然是無有分別相(詳見第二章第一節「般若實相觀」及第三章第一節 1.(4)「般若實相與涅槃法身」)。故此一是見理、一是不見理；若是見理，必是頓然全然而見，因一相實相之理無有差別相(詳見第三章第三節 2.「頓悟成佛」)，故此不必像呂氏之作，強以儒家之理來解釋竺道生對佛家之「理」之了解；亦不必以《周易》之「理」來解釋竺道生之「理」，如劉貴傑之舉❹。

---

❸ 「理歸一極」之語出自謝靈運之《辯宗論》：「聖道既妙，雖顏殆庶，體無鑒周，理歸一極」。(此文收於石峻等編《中國佛教思想資料選編》卷一，頁 220。)

❸ 呂澂曰：「在道生的主張裏，就是取佛學的『能至』，而不要『漸悟』；取儒家的『一極』，而不要『殆庶』(接近於究竟的意思)。因此調和了儒釋兩家，就不僅僅是依佛家的舊說了。」(見《中國佛學思想概論》，頁 126。)

❹ 劉貴傑曰：「道生以『窮理盡性』闡明佛家之無量義，並云『窮理盡

2.使用道家語言

以上論證不能強以儒家之觀念解釋竺道生之「理」之觀念，以下辯明亦不能以道家之觀念解釋之。皆因「理」或「法」是竺道生全套「佛性論」之理論基礎中之核心概念，故此，在討論竺道生之使用道家語言，只集中於討論「法」（理）之概念，其餘建基於「法」（理）之次要觀念如「自然」、「化」等，在此不作討論。

竺道生曰：

> 妙法，夫至像無形，至音無聲，希微絕朕思之境，豈有形言者哉？**❹**

此些乃道家之語言，出自《老子》（第四十一章）：

> 大音希聲，大象無形，道隱無名。

在《老子》之語脈，其「道」當然是指道家之道理，此道理乃非經驗對象，超越經驗界之形與聲。問題是：竺道生運用此些語言，是否表示他就是用道家之「道」來解釋佛家之「法」(理)？當然不是。因為佛家之法（空理）亦不是經驗界之對象，故此亦可用形上學 (Metaphysical) 的語言來描述佛家之「妙法」，故此亦

性，勢歸兼濟」，顯係由《周易》『窮理盡性』之哲學思想而來。……由上得知，道生係基於儒家哲學內在普遍性之『理』之概念。」（見《竺道生思想之研究》，頁 31–32。）

❹　《妙法蓮花經疏》，頁 800。

可說「無形無聲」，亦是非思維之對象。雖然道家之道（理）與佛家之法（理）有著相同的性質（非經驗對象，故此無形無聲，言詞皆用不上）；但是不能因此而決定道家之道（理）與佛家之法（理）相同。道家之道是一，由一可生二，二生三，三生萬物；但佛家之法卻不創生諸法，其法只是緣起性空之法理——從無住本立一切法（參閱第二章第一節 1.）。故此不能把佛家之法看成是本體（如劉貴傑之言即是❷）。因為竺道生在其他注疏之中已界定此「法」之義，將「法」之性質加以描述，說明「法」之本分是「假有」、「緣有」、非「自性有」❸，換言之，「法」是緣起性空之法理，故此何來「本體」義？

若說竺道生之佛學融合道家之思想，此說有誤；若說其佛學「有道家哲學之思惟形式」❹，則可。因為形式與內容不同，有相同的形式並不表示有相同的內容。

但凡一項詞語成為概念，此詞語必定有一客觀之意義而可被廣泛使用，以作討論問題，如「法」或「理」字，它的客觀意義是「真理」之意，儒家可用之來討論仁理、道家可用之來討論玄理、佛家可用之來討論空理。至於「理」字之確義是那一義，則須從此字之使用時之語言脈絡 (Context) 來了解，不能因為此字出

---

❷ 劉貴傑曰：「『夫至像無形……豈有形言哉？』……此句出自老子『大音希聲……夫唯道善貸且成』。由此可知本體超越名相，斷絕言語……云云。」（見《竺道生思想之研究》，頁 35。）劉氏是以道家之本體來解釋，以為竺道生對佛家之「妙法」亦是本體意義之法（理）。

❸ 「法性者，法之本分也。夫緣有者，是假有也。假有者，則非性有也。有既非性，此乃是其本分。然則法與法性，理一而名異，故言同也。」（《注維摩詰經》，頁 346。）

❹ 此語出自劉貴傑。（見《竺道生思想之研究》，頁 32。）

於儒家典籍而強以儒家之觀念解釋之。

　　總結上述的討論，可參閱第二章第二節「法理觀」，在此篇已各自釐清「法」（第二義）與「理」之字義，二者均是指真理之義；然後進一步引證，就「真理」一義上，「法」與「理」可結合成「法理」一詞，故此「法理」即是「法之理」，亦即「法這個理」──法與理在此是重複語、同義詞，意即「真理」。籠統地指出「法理」是廣義之「真理」義，然後狹義地引證了這「法理」是收在「緣起性空」之觀念而言，故此有「空理」一詞之出現；換言之，「空理」即是緣起性空之法理。「緣起性空之法理」就是實相，故此將「空理」與「實相」合起來，便成「實相理」。

　　由此便可說竺道生之「法理觀」其實就是「般若實相觀」。「法理觀」是廣義地說觀真理；「般若實相觀」是狹義地說明觀緣生法之實相，亦即緣起性空之法理，故此可以說「般若實相觀」是「法理觀」之內容。竺道生不能離開「般若實相觀」而另有一套「法理觀」；「般若實相觀」就是「法理觀」之觀，「法理觀」就是「般若實相觀」之觀，二觀即是一觀；二觀只有不同的名字，而二者不是不同之觀。所以竺道生所言之「法理」其實就是「般若實相」，亦即「空理」、「實相理」。

　　一言以蔽之，竺道生所強調之「法」或「理」，其實皆是就佛家哲學共許之前提上而言的，亦即扣緊緣起性空之法理而輾轉引申此義。故此，竺道生所著重的「理」自然是內在地指佛家之「空理」，而非道家之「玄理」或儒家「一極之理」──如呂澂與劉貴傑所言。

3.玄學對竺道生之影響

以上辯明：若了解竺道生之觀念，應內在地從其注疏本身之語言脈絡來了解竺道生之使用儒道二家之語言詞彙，而不應外在地將其觀念強以儒家或道家之思想比附，進而說竺道生融合了儒佛道三家之思想，因而獨創其佛性論。我想辯明的是：竺道生已能內在地從佛家之義理來了解般若實相及緣起性空之法理。但是，儘管竺道生精於哲學推理，他在玄學之學術背景下，難免不受玄學觀念之影響，故此亦如僧肇般不能完全擺脫一些玄學之概念。例如，竺道生說：

> 欲表理不可頓階，必要研麤以至精。損之又損，以至無損矣。❹

這節經文之觀念來自《老子》(第四十八章)：

> 為學日益，為道日損，損之又損，以至於無為。

這是老子求道之方法論——不要以累積經驗知識（為學）的態度來求道，因為這會越來越增加知識（日益），成為負累。求道之方向剛好相反，要把累人之學識損掉、去掉，這是「為道日損」，才可變得負累越來越少，以至最後全無負累，便可無為而得解脫，這便是「損之又損，以至於無為」。

從道家之實踐修行上，固然可說「損之又損，以至於無為」。

---

❹ 《妙法蓮花經疏》，頁824。

但是，若從「理」之觀點而言，根本無所謂損不損，無所謂研理之時要由麤（粗）以至精（細），即由大以至小，故此可越來越小，最後變得無損（因為已經無）。但是，佛家緣起性空之理根本無大小之分，故此不能說「欲表理不可頓階，必要研麤以至精。損之又損，以至無損」。

　　這是竺道生不能完全擺脫道家玄學之影響之證明。雖然如是，我們卻不能因此而說他的佛學是道家的佛學。因為，就算以「解空第一」的僧肇也不能完全擺脫玄學的影響，他亦是大量地使用玄學之語言，亦有時與玄學之觀念分不開**❹⑥**；但是並不因此而說僧肇所解之「空」乃是道家之「無」，他所謂之「空」依然是佛家義理之空，故此以「解空第一」稱響於世。故此不能說他引入道家之觀念來解「空」，只能說他借助玄學之語言或觀念來解「空」。同樣理由，竺道生亦只是借助道家之語言，而非「引入」道家之觀念。

　　「借助」與「引入」不同──「借助」代表工具、橋樑義，非內容、本質義；「引入」代表吸收、吸入義，即以所吸入、引進之觀念作為本質、內容。竺道生所借用之「法」或「理」依然是佛家之義理，並非融合儒道二家之「法」「理」。

4.小　結

　　儘管佛家自身並非強調「理」字，在《大般涅槃經》之中亦

---

❹⑥　呂澂曰：「他（僧肇）未能完全擺脫所受玄學的影響，不僅運用了玄學的詞句，思想上也與玄學劃不清界限，如……『審一氣以觀化』，『物我同根，是非一氣』，這就大同於玄學思想了。」（見《中國佛學思想概論》，頁 113。）

只言「因緣法」❼，而非言「因緣理」（同❼）。竺道生是以「因緣理」來等同及解釋「因緣法」（同❼）。所謂「因緣法」當然是指佛家依因待緣之法則（即「緣起性空」之理）。故此，在「法則」、「真理」之意義上，「法」與「理」是同義詞（詳見第二章第二節1. 及第二章第二節 2. 之考證），換言之，在字詞之使用上，竺道生將「理」等同於「法」是合法的、可接受的。儘管經中所言的是「因緣法」而不是言「因緣理」，但是，這只是表面之「字詞」之不同，但在語意上 (Semantically)「法」與「理」完全相同，「法」就是「理」、「理」就是「法」；而且這「法」或「理」當然是內在地、狹義地指佛家系統內之因緣法、因緣理。

換言之，竺道生特重「理」而強調「悟理成佛」、「佛為悟理之體」（參閱第三章第二節 2.）等觀念，此並不因為「理」字出於儒家經典而說他融合了儒釋二家❽。因為此「理」即是「法」，是指佛家之因緣法、因緣理。

故此，竺道生特重「理」之概念，看來好像依儒學之觀念創了所謂「中國佛學之特色」——這話需要釐清的：佛學只有一個，而無所謂有中國佛學與印度佛學之分別，因為，此給人的印象是好像佛學有兩個不同的佛學，中國有中國的佛學、印度有印度的

---

❼ 經曰：「順因緣法。」
生曰：「不違因緣理也。」（《注維摩詰經》，頁 415。）
❽ 劉貴傑的觀點往往給人一誤導的印象，使人覺得竺道生好像融合了儒佛道三家而自創一特具中國特色之中國佛學。例如劉氏言：「至於其（指竺道生）思想淵源，則有融協我國儒道思想者，有規撫印度學說者，更有獨見而創獲者，而形成其兼容並包之理論基礎與特色。」（《竺道生思想之研究》，頁 120。）儒佛道三家融合之觀點，遍佈劉氏此書。

佛學，二者截然不同。從地方上而言，佛教在印度發源、在中國發揚光大，這可以說有印度佛學與中國佛學之地點上之不同；但是從哲學系統或義理的觀點而言，中國佛學與印度佛學相同，二者只是一個佛學❹，因為無論是中國佛學或印度佛學，二者均不能違反佛家哲學共許之前提：緣起性空（無本體、無自性）。

　　所謂中國佛學，其實是中國之佛教學者根據印度佛學原有之前提或基礎觀念（如「空」等），然後向前推進，以新的言詞（如竺道生之特重「理」字）或新的方式（如禪宗之公案），發展至盡，成為具有中國特色之佛教，甚至是「圓教」（圓滿無諍之佛教，如天台宗及華嚴宗）。但此些特具中國色彩之佛教或圓教，在思想內容上依然是佛家之哲學，而非儒家道家之「道」「理」。

　　故此，竺道生所言、所重之「理」依然是佛家之理，而非儒道二家「創生」「創造」義之本體論之「天理」或「道理」。順此而下，後世承竺道生之重「理」而開華嚴宗之澄觀、杜順等大師，其依「理」之發展，自創一套「理、事無礙觀」❺，而成就一圓教系統。但是，我們決不能說華嚴宗之「理」是中國儒道二家之理。我們只能說竺道生及後世之發展之特重「理」，此乃中國佛學之特色，卻不能說中國佛學在教義上、在大前提上與印度佛學有所不同。

---

❹　參閱牟宗三著《佛性與般若》，上冊，頁 4–5。
❺　「理事無礙觀」可參閱❹，頁 526 及頁 547。

第五章　竺道生之生平

　　竺道生，本姓魏，年約七歲出家，跟隨竺法汰（西元 ?-387）學佛，故隨師姓，改姓竺。鉅鹿人（一說彭城人❶），乃家世仕族，父親為縣令。

　　竺道生生於晉宋時代，其時佛學上有三大思想主流，一是鳩摩羅什所宏揚的「般若」❷學說，一是僧伽提婆所傳的「毗曇」❸學說（即小乘一切有部），另一則是曇無讖（西元 385-433）所宣的「涅槃」❹學說。竺道生之學問，正是集此三者之大成。

一、遊學簡介

　　竺道生的遊學，可按其學術活動的情況分為三個階段：

　　㈠習小乘一切有部

---

❶　慧琳之〈龍光寺竺道生法師誄〉有曰：「法師本姓魏氏，彭城人也。」（《大正藏》第五十二冊，《廣弘明集》卷二十三，頁265。）

❷　「般若」是梵文 "prajñā" 之音譯，意指佛家之「智慧」（詳見「悟理成佛篇」）。

❸　「毗曇」是梵文 "Sarvâstivādā" 或 "Sarvâstivādin" 之音譯，意指小乘一切有部論集之總稱，從哲學立場而言，此部即是實在論者之論說。

❹　「涅槃」是梵文 "Nirvana" 之音譯，意指佛家修行之寂滅境界。

三十歲左右，至廬山，見僧伽提婆，與慧遠一起學習一切
有部之學說。

(二)習大乘般若中觀學

年約四十，往長安跟鳩摩羅什，與僧肇、道融、僧叡等同
學，習大乘般若中觀理論。更參與翻譯《大品般若經》和
《小品般若經》的工作。

(三)鼓吹大乘涅槃學說

四十歲以後，由長安返回建業（即南京），大力傳揚涅槃學
說，深得宋文帝、名士王弘、范泰、顏延之（西元 384–456）
等朝廷中人之讚賞。

竺道生中年先習小乘實在論者之學說（即一切有部之論說）；
後再從鳩摩羅什學得般若中觀之說；壯年之時，便根據其對般若
學及涅槃學之了解，把二者結合，提倡「佛性論」之思想。在《大
般涅槃經》尚未全部譯出之前，他獨自創作新說，提出「一闡提❺
皆得成佛」及「頓悟成佛」之說。

當時竺道生之新說沒有經典之經文支持，因為其時只有法顯
（西元 342–423）攜來之六卷《泥洹經》，此經並無「一闡提皆得
成佛」之說，故此竺道生受到僧侶的批評，被斥為異端邪說。結
果接受佛教僧團之戒律處分，接受類似公審之刑罰，最後被逐，
他遂前往虎丘，之後再投居廬山。

北涼之曇無讖所翻譯之四十卷《大般涅槃經》早於宋武帝永
初 2 年（西元 421）全部譯出，可是譯本傳至南方之時已是宋文
帝元嘉 7 年（西元 430）。竺道生早在一、二年前被擯，此時正居

---

❺ 「一闡提」是梵文 "icchantika" 之音譯，意指滿身貪欲而斷善信之根
者。

於廬山。根據《大般涅槃經》之翻譯，經中果有「一闡提皆得成佛」之說。於是，被眾人貶斥之竺道生，轉為被諸僧崇拜之對象。

晚年的竺道生，大力宏揚《大般涅槃經》，於是涅槃學說大行其道。宋文帝元嘉 11 年（西元 434），竺道生卒於其講經之後。

二、生平及重要大事簡表❻

晉簡文帝咸安 2 年（西元 372）

約在此時出生於鉅鹿（河北省平鄉、柏鄉、新河等地）。後遷居於彭城（江蘇省銅山縣）。

晉孝武帝太元 4 年（西元 379）

約七歲，天生穎悟，聰哲若神，根器非凡，隨沙門竺法汰（西元 ?–387），改俗歸依佛門。

（按：竺法汰停留南京是在西元 366–387）

晉孝武帝太元 11 年（西元 386）

約十四歲，年在志學，便登講座，吐納問辯，辭清珠玉，當世名士，皆慮挫詞窮，莫敢訓抗。

晉孝武帝太元 17 年（西元 392）

約二十歲，年至具戒，器鑒日深，性度機警，神氣清穆。講

---

❻　竺道生之生平及年表主要參閱：

　　㈠《高僧傳》卷七（竺道生）

　　　（《大正藏》第五十冊，頁 336–337。）

　　㈡《出三藏記》卷十五，〈道生法師傳〉第四

　　　（《大正藏》第五十五冊，頁 110–111。）

　　㈢慧琳〈龍光寺竺道生法師誄〉

　　　（《大正藏》第五十二冊，《廣弘明集》卷二十三，頁 265–266。）

演之聲，遍於區夏。

晉安帝隆安元年（西元 397）

約二十五歲，僧伽提婆自廬山到京師，講述毗曇經義，道生為當時畢集聽經之名僧之一，後從京師入廬山，向僧伽提婆學習一切有部之學說。

晉安帝元興 3 年（西元 404）

約三十二歲遊長安，與同學慧叡、慧觀、慧嚴等，又到羅什門下，主要學習大乘般若中觀之學，還參加翻譯大、小品《般若經》之工作。

晉安帝義熙 3 年（西元 407）

約三十五歲，由長安南返，經廬山，把僧肇的〈般若無知論〉帶給慧遠、劉遺民等人，隨即還京師。

晉安帝義熙 5 年（西元 409）

約三十七歲，自南返後之二十年，乃其思想成熟之階段，提倡佛性論及創立頓悟成佛之觀念，即在此時期。宋文帝、王弘、范泰、顏延之均敬重之。

晉安帝義熙 7 年（西元 411）

約三十九歲，道生四出遊覽，行蹤不定。

晉安帝義熙 14 年（西元 418）

約四十六歲，法顯譯出六卷《大般涅槃經》。

晉恭帝元熙元年（西元 419）

約四十七歲，再還都，止於青圓寺。道生乃當時之名匠，請之居其中，次年改稱龍光寺。

宋武帝永初 2 年（西元 421）

約四十九歲，北涼曇無讖譯出《大般涅槃經》四十卷。

宋武帝永初 3 年（西元 422）

約五十歲，宋武帝設宴眾僧，日已近午，眾以為晚，不敢進取，但道生不拘小節，首先取食，眾僧從之，佩其機靈。

宋文帝元嘉元年（西元 424）

約五十二歲，佛馱什於龍光寺迻譯法顯攜來之彌沙塞律為五分律，道生亦有執筆參正。

宋文帝元嘉 3 年（西元 426）

約五十四歲，仍住青圓寺（即龍光寺）。

宋文帝元嘉 4 年（西元 427）

約五十五歲，由於因為以中式印式之進食姿勢問題，與慧觀、慧嚴等人意見不合。

宋文帝元嘉 6 年（西元 429）

約五十七歲，提倡一闡提皆可成佛之論，但《大般涅槃經》尚未南來，故此被視為邪說，被擯離京。

宋文帝元嘉 7 年（西元 430）

約五十八歲，重返廬山，《大般涅槃經》亦傳至京師，經中果有一闡提皆可成佛之說。道生成為眾僧敬服之高匠。

宋文帝元嘉 9 年（西元 432）

約六十歲，於廬山再治《妙法蓮花經疏》，亦旋講《大般涅槃經》，並注疏之成《泥洹經義疏》。

宋文帝元嘉 11 年（西元 434）

約六十二歲，於廬山精舍，升座講法，及法席將完之時，端坐辭世。

參考書目

一、竺道生之注疏

⑴《妙法蓮花經疏》（上下兩卷）

現存於《續藏經》第一五〇冊，頁 801–832。

⑵《維摩經義疏》

現存於《大正藏》第三十八冊《注維摩詰經》，頁 327–420。

⑶《泥洹經義疏》

現存於《大正藏》第三十七冊《大般涅槃經集解》，頁 377–611。

二、竺道生之書信

⑴《竺道生答王衛軍書》

現存於《大正藏》第五十二冊《廣弘明集》卷十八，頁 228。

三、竺道生之傳記

⑴《高僧傳》卷七（竺道生）

現存於《大正藏》第五十冊，頁 366–367。

⑵《道生法師傳》第四

現存於《大正藏》第五十五冊《出三藏記》卷十五，頁
110–111。

⑶慧琳著《龍光寺竺道生法師誄》

現存於《大正藏》第五十二冊《廣弘明集》卷二十三，頁
265–266。

四、參考資料

⑴劉貴傑著《竺道生思想之研究》

1984 年 5 月初版（臺灣商務印書館）

⑵湯用彤著《漢魏兩晉南北朝佛教史》，下冊

第十六章「竺道生」，頁 431–484。

1983 年再版（中華書局）

⑶呂澂著《中國佛學思想概論》

第六章「南北各家師說（上）」，頁 123–151。

1982 年初版（天華出版事業公司）

⑷方立天等編《中國古代著名哲學家評傳》續編二

方立天著「竺道生」篇，頁 349–395。

1982 年版（齊魯書社）

⑸勞思光著《中國哲學史》第二卷

「竺道生與涅槃宗」篇，頁 275–286。

1981 年三版（友聯出版社）

⑹方東美著《中國大乘佛學》

第四篇「道生的佛性論」，頁 115–160。

1984 年版（黎明文化事業公司）

(7)唐君毅著《中國哲學原論》(〈原道篇〉卷三)

「佛學之工夫論與道生之學」篇,頁 39–44。

1970 年版(新亞研究所、學生書局)

(8)石峻等編《中國佛教思想資料選編》(第一卷)

「竺道生」篇,頁 201–218。

1981 年版(中華書局)

五、其　他

(1)牟宗三著《佛性與般若》(上下冊)

第一部第一章至第四章,頁 1–257。

第三部第一分第一章第一節及第二章第一節,頁 576 及頁 675–679。

1982 年修訂三版(學生書局)

(2)霍韜晦著《佛教的現代智慧》

第二篇「有與空」,頁 19–32。

第四篇「佛性與如來藏」,頁 47–57。

1982 年初版(佛教法住學會)

(3)《鵝湖》第 88 期

霍韜晦著《絕對與圓融》①,頁 24–30。

1982 年版(鵝湖月刊雜誌社)

(4)謝靈運著《辯宗論》

現存於《大正藏》第五十二冊《廣弘明集》卷十八,頁 224–225。

(5)陸澄著《法論目錄》

現存於《大正藏》第五十五冊《出三藏記集》卷十二,頁 82–85。

索 引

◎ 這是個什麼樣的世界？　　王文方／著

　　「形上學」是西方哲學中研究世界「基本結構」的一個學門。本書透過簡單清楚、生動鮮明的舉例，介紹形上學主題，如因果、等同、虛構人物、鬼神、可能性、矛盾、自由意志等，作者希望讀者能理解：形上學的討論無非是想對我們的常識作出最佳的合理解釋罷了；這樣的討論或許精緻複雜，但絕非玄奧難懂。